悪文

伝わる文章の作法

岩淵悦太郎＝編著

はじめに

以前、いわゆる美文が非常に喜ばれたことがある。明治時代などは、まさに「美文時代」の名で呼んでよいだろう。ところで、現在は、「悪文時代」と呼ぶことがふさわしいのではないかと私には思われる。美文よりも平明な文章が好まれるようになったのは、確かに一つの進歩と言ってよい。しかし、それの行きすぎかどうか、その辺は明らかでないが、文章表現にあまりにも無関心で、ほとんど文章を練ることなく、思い浮かぶがままに書くというような人々がふえて来たことも否定出来ない。ことに、今やマス・コミ時代で、文章が大量に生産されている。文章を書く層もずっと広くなって来ている。平素文章を書きなれていない人々にも、文章を書かなければならない機会がふえて来ている。その結果として、世間に現われる文章が必ずしもきちんとしたものとは限らないのであろう。

言語表現に未熟なため、文章が日本語として整っていないというのは問題外としても、言語表現は、当然相手があるはずであるから、相手にわからないような、あるいは、相手にわかりにくいような文章は、また悪文と言ってよいかも知れない。ことに、新聞・放送・広報のようなものは、一般大衆を目ざすものであるから、大衆にわかりやすい文章表現であることが大切であると思われる。日本における新聞としては、きわめて初期のものである「内外新聞」（慶応《けいおう》四年刊）に、次のような社告が見えている。

此度我輩《われ〳〵》ども社中を結び、日本《やまと》外国の珍事は更なり、すべてきゝし事は残らず筆にとめ、世の人々にしらせんためなり。されどこたびは手はじめにて、かついそぎにまかせしゆゑ、草稿のまま、出板せしかど、此のちよりはひらかなをもて、わらべ迄にもよみえさせん事を、社中一同の宿志とせん、云々

このような、読者にわかりやすくという態度は、今の新聞文章においても当然考えられているところであろう。

私たちは、主として、この、受け取り手にわかるかどうか、わかりやすいかどうか、という観点から、現在行なわれている文章を検討してみた。そしてこの観点からした場合、悪文と考えられるものは、どういう所に問題があるのかを明らかにしようとした。たった一つの助詞の使い方で悪文の仲間に入れなければならない場合もある。悪文と言われるのが、言語表現の上でどのような欠点があるためであるかを、出来るだけ具体的に示そうと

した。私たちは、あらさがしを志したわけでは毛頭ない。どのような点に注意すれば、悪文といわれる範囲から抜け出せるかを、指摘しようと考えたのである。この意味では、本書は、一種の文章読本として役立つことが出来るだろうと思う。

私たちは、文章表現を批判する上では、現在の言語習慣というものを重んじた。そのために、新しく伸びようとする芽をつんでしまう結果になったかも知れない。しかし、私たちはほんとうに日本語が発展して行くためには、現在の言語習慣を無視して、いたずらに新奇をてらったのでは決して目的を果たすことが出来ないと考える。あくまでも、現在の言語習慣を土台にして、その上に立って新しい表現を慎重に考え出すのでなければ、日本語の正しい発展は望めないであろう。

本書に引用した例文の中には、誤字やあて字のあるもの、かなづかいの乱れのあるものなどが少なくない。これらは、すべて、もとのままにしておいて、あえて訂正することをしなかった。これらも悪文の一要素であるからである。誤植と誤らないように読者にお願いしておきたいと思う。また、本書を記述するのに、出来るだけ、言語学上の術語をさけようと努力した。しかし、どうしてもある程度は使わざるをえなかった。そして使う場合には、出来るだけ、それが理解出来るような説明のしかたを試みたつもりである。なお最初にお断りしておきたいことは、本書で「文」と「文章」とを区別して使っていることである。「文」はセンテンスの意味で使い、「文章」はその「文」の集まりであるものを指して言うようにした。「文章」は、一つの「文」で出来ている場合もあるが、二つ以上の「文」で出来ているのが普通である。

本書は、次のように分担して執筆した。

悪文のいろいろ	岩淵悦太郎
構想と段落	林　四郎
文の切りつなぎ	宮地　裕
文の途中での切り方	高橋太郎
文の筋を通す	野元菊雄
修飾の仕方	宮島達夫
言葉を選ぶ	水谷静夫
敬語の使い方	斎賀秀夫

昭和三十五年八月

岩淵悦太郎

悪文　伝わる文章の作法　目次

本文レイアウト　國枝達也

悪文のいろいろ

▼わかりにくい文章

東京新聞の「大波小波」の欄に、悪文の例として、次のようなものが取り上げてあった。

　エゴの位置するシテュエイションを破壊する為には、自殺まで辞さなかった潔癖さと、通俗性の中に埋没するのを辞さない時代への忠実さとが表裏をなして、それぞれの方向に解体していったところに大正の近代文学の運命があった。

この文章は、一読しただけでは意味がよくわからない。再読、三読しても、その意味するところのものが十分理解出来たとは言いきれない。たしかに悪文と言ってよいものであろう。

それでは、この文章のわかりにくさはどこから来るのであろうか。まず第一に、この文章の構造に、わかりにくさの要因があると思われる。この文章は、ただ一つの文（センテンス）で出来ていて、非常に長い。しかも、この文の主語は「大正の近代文学の運命」だと思われるが、その主語が文の初めの方に出ていなくて、もう文が終わろうとする所になって始めて顔を出す。従って、この文を読む人は、この主語に出会うまで、この文が何のことについて述べようとしているのかがわからない。そして、この文は

……潔癖さと
……忠実さと｝が表裏をなして

という構造だと思われるが、「潔癖さ」「忠実さ」の前に来る、それぞれの修飾句が長すぎて、意味が簡単にはつかみにくい。その上、「表裏をなして」はそこで一旦《いったん》切れるのか、すなわち中止法なのか、それとも「表裏をなして」は副詞的に使われて「解体していった」に続いていくのか、そのどちらとも、形式面からは定めにくい。それが、この文の意味をとりにくくしている原因である。

その上、

エゴの位置するシテュエイション
自殺まで辞さなかった潔癖さ
通俗性の中に埋没するのを辞さない

というような、持って回った言い方をしているのが、すらりと頭にはいらない一つの原因にもなっている。

雑誌『言語生活』六八号（筑摩書房）に、木村万寿夫氏の「大学生の作文」という記事がある。その中で木村氏は、難解な文章の一例として次のものをあげておられる。

青年の思索の対象としての「自己」、又は青年の思索の泉が滾々として湧き出て来る源泉としての「自己」、自己の内部の世界、その内部の世界の青年期らしい独自の在り方、その内面的なものの認識の仕方における青年らしい危機的な様相、すなわち、恐るべき自己分析や自己解剖、暗いじめじめした自己沈潜や自己凝視、二重自我とそれを癒そうとする必死の努力、我執とそれから脱却しようとするあがき、こういったものがまた、青年独自の瞑想・思索の内容なのである。意識過剰と呼ばれるところのものは、自己意識の過剰である。

大学などで使う教科書の文章の一節だそうだが、これも一読したところでは、わかったようでわからない文章と言える。この文章は、二つの文で出来ているが、最初の文は実に長くて意味がつかみにくい。

すべて、一読してわからないような文章は悪文である、ときめつけるのは軽率かも知れない。しかし、昔から「達意の文」ということが言われている。文章表現の根本は、何と言っても意味が読み手に通ずるかどうかということであろう。情緒だけ伝わればいいという場合もないではないが、普通の文章では、まず「達意」ということが基本になると言ってよい。

ことに、ラジオニュースや新聞の報道になると、すらりとすぐ頭にはいるのをよい文章とすべきであろう。放送は、音声が次から次へと耳にはいって、次第に内容が伝えられていくのであるから、そして再び聞き返すことは出来ないのであるから、耳に聞えてくる片はしから頭にはいっていくのが理想的である。そして、内容の中心点がうまく伝えられるようでなければならない。この意味では、次のようなラジオニュースは、問題とすべきものであろう。

統制をはずして行こうとするこのような動きに対しては、生産者と農協が協力して、予約数量の売渡しを早めに完了することはもちろん、進んでそれ以上に、余る見込のお米を積極的に政府に売渡して、その実績をあげることが、当面の特別集荷制度の実施をはばみ、従来の強権による供出割当制度の欠陥を是正し、生産者の増産ならびに自主的な売渡しの意欲を高めようとするこんどの予約売渡制を、今年も存続させる事にもなる上に、増配という形で、消費者の期待にもこたえることが出来るのであります(注1)。

この文章は、「欠陥を是正し」という言い方に端的に見られるように、全体が堅い文章であると言ってよく、放送文章として適しているとは思われないが、何よりもの大きな欠点は、文の長さがあまりにも長すぎることである。こんな文章を耳で聞かされたのでは、いかに上手なアナウンサーが読んだとしても、聴取者にすらりと理解されようとは思えない。まして下手なアナウンサーにかかったら、まるでわかるまい。下手なアナウンサーというのは、いつでも、文節や句の切れ目に、文の終わりに使うのと同じ、下がるイントネーションを使う。だから、文節や句の意味上の切れ続きがはっきりしなくなる。こういうアナウンサーにかかったら、次にあげた放送文章なども支離滅裂になってしまうだろう。

この席上述べられた主な意見としては、金融の正常化については、貸出し金利を引下げることは必要だが、各企業の体質改善と税制度との関係を考慮して、施策を講ずることが大切であること、預金の金利については、資本の蓄積の面からみて、現在は、まだ金利を引下げる時期ではないこと、次に絹人絹織物については最近業界の景気がよくなっているといわれているが、人絹織物はいぜん二割の生産制限をしており、人絹糸も三割から四割の生産制限をしている状態なので、必ずしも景気がよくなっているとはいえないこと、今日、開かれた北陸財政金融懇談会で、このような意見が述べられました(注2)。

文章を落ち着いてゆっくり読んだ場合にはわかるであろうが、アナウンスを耳で聞いたのでは、この文章も内容がつかみにくいであろう。もしこのニュースを耳で聞いてすらりとわかるようにしようとするなら、懇談会の席上で述べられた意見として三つのことをあげているのであるから、その三つの意見がどこからどこまでであるのか、をはっきりさせる工夫が必要である。この場合は「第一に……第二に……第三に……」というように、箇条書きのような気持で言い表わすのがよいのではなかろうか。

新聞記事は、文字で記されていて目に訴えるものであるから、読む速度を自由に加減することが出来るし、また何べんでも繰り返して読むことが出来る。しかし、いそがしい現代の生活では、一読してすぐわかるということが、新聞文章の必要条件と言えるのではなかろうか。ところで、「世界の不況、底入れ」という見出しの、次の新聞記事はどうであろう。

本年一―三月、四―六月とも前年同期と比べそれぞれ五・六%、六・一%も下回った世界貿易額も七―九月を底にして、十―十二月には前年同期と比べると減少の幅をせばめると同時に、米国がほぼ全体の四割を占める世界の生産量も、米国の景気回復につれ、わずかにふえはじめた、と日銀、東銀筋では推定している。[注3]

これも文が長い。そして、「世界貿易額も」という第一の主語の現われるのが大分後であることが、少し読みにくくしている。それに、「世界貿易額」についての発言と、「世界生産量」についての発言とを、「と同時に」でつないでいるのが文章のしまりをなくしている。その上「減少の幅をせばめる」という言い方もすらりとした表現ではない。これらが重なって読みにくくしていると言える。

新聞のニュースに翻訳調、というよりむしろ直訳調とも言えるものが時々出てくるが、これはかなりわかりにくい場合が多い。たとえば、在日朝鮮人の北朝鮮帰還問題の時（昭和三四年）、赤十字国際委員会から出されたメッセージの要旨に次のようなものがあった。

在日朝鮮人各人が自由に意志の決定をすることが可能であるために日本に留まること、または朝鮮の一部また他の部へ行くことを選ぶ自由が与えられていることを知らされねばならないこと。

問題が微妙なものであるだけに、厳密に原文に即して訳したのであろうが、これでは、一読したぐらいではとうてい頭にはいらない。読み手という立ち場から言えば、この文章も悪文の仲間に入れてよい。

▼誤解される表現

ＮＨＫのテレビクイズ番組「私の秘密」[注4]に、

私は「日露戦争でバルチック艦隊を発見し、……敵艦見ゆとの電報を打った信濃丸」の乗組員です。

という秘密を持った人が登場した。ところが、あとで、そこに登場した人は無線電信を打った当人ではないという非難がＮＨＫにあびせられた。ＮＨＫの方としては、「私の秘密」に登場したのは、電信を打ったその当人というわけではなく、その時に信濃《しなの》丸に乗り組んでいた人としてであると弁じた。テレビの字幕は右にあげたようなものであるから、非難は不当のようであるが、字幕の「かぎ」の使い方を不注意に見過ごしたり、単に耳だけでこの文章を受け取ったりすると、このような誤解が起こらないとも限らない。というのは、もし、「かぎ」を無視すると、この文章は「電報を打った」というのが「信濃丸」だけにかかるとも言えるし、また「乗組員」にかかるとも言えるからである。表現者の表現しようとした意図とは別の意味のものが、この文構造からは受け取れるのである。言わば、日本語の一つの宿命と言ってよい、文構造から、このような行き違い、誤解が起こったのであった。

前半のような覇気の見られない戦いぶりを続けた。（新聞）

も同じ構造の文である。これは、

(1) 前半にも覇気がなかったが、後半も覇気がなかった。

(2) 前半には覇気があったが、後半はそういう覇気がなかった。

のどちらとも言える。というのは、「前半のような」が「覇気」だけにかかるか(2)、あるいは「戦いぶり」にまでかかるのか(1)で、意味が違ってくるからである。

千葉大使は石橋湛山氏(注5)の女婿だそうで、儀礼と術策好きの外務官僚臭の少ない人柄に見えた。(随筆)

という文も、「儀礼と術策好きの」が「外務官僚」までかかるのならいいのだが、文法的には、

儀礼と術策好きの
外務官僚臭の少ない ｝人柄

ととれないこともない。ただ、このように解釈した場合には、意味の上でおかしくなるだけである。こういうように二様にとれるのは、場合によって、大きな問題を起こすわけであるから、このようなものは決してりっぱな文章とは言えないだろう。誤解されないような表現の仕方を工夫する必要がある。

新聞の見出しは、ごく簡単な文であるから、どちらともとれるものがないわけではない。たとえば、

欧州不干渉迫る

という見出しに出会ったが、本文を読んでみると、ド・ゴール(注6)がフルシチョフに欧州への不干渉をせまるということであった。「せまる」という語には、「台風せまる」というように「近づく」(自動詞)という意味と、「対決をせまる」というように「要求する」(他動詞)という意味とがある。「せまる」に二様の意味のあることが、読み手を混乱させる一

つの原因になったのである。

国際委「新通達」に回答

という見出しは、予備知識がなければ、

国際委員会の「新通達」に回答

ととってしまうであろうが、事実は、

国際委員会が「新通達」に回答

であった。新聞の見出しは、短くするためにとかく文語的表現をとって助詞を省くので、主語であるかどうかなどの不明な場合が起こってくる。

驚く男の熱心さ

徹底している宣伝ぶり

これも

(1)「驚く男」と続くのか

(2)「驚く（男の）熱心さ」と続くのか

(3)「驚く。男の熱心さ」なのか

そのいずれとも言える。しかし前後の関係から見ると、(1)であるとは思われない。(2)か(3)であろう。恐らくは(3)の「男の熱心さに驚く」の意であると思われる。すなわち一種の倒置的表現であると思われる。もしも(2)だったら、「驚くべき（男の）熱心さ」とした方がいい。しかしそれにしても、「驚くべき男」ととれないこともないから、完全に誤解を防ぐわけにはいかない。

文字で書いたものを目で読む時には誤解を起こさないようなものでも、音声で表現されて、それを耳で聞く場合には、迷ったり誤解したりすることがある。ことに耳なれない語や同音異義語を含んでいる場合にそれが起こる。

宗谷のキコウシキ(注7)

というニュースをラジオで聞いた時、私はキコウという語としては「寄港」「帰航」、キコウシキとしては「起工式」というものしか頭に浮かばなかったので、とまどったことがある。私は新聞を見て「帰港式」であることを知ったのであった。私にとって「帰港」は新語であった。しかし、子供などは「帰港」の方に最初になれてしまうであろうから、今度は

宗谷はシンガポールにキコウして

などというのを聞くと「帰港」という語を思い浮かべて、とまどうかも知れない。テレビニュースを見ていた時、林譲治氏(注8)の葬儀のところで、アナウンサーが

メイユウ益谷氏(注9)

と言い出したので、「名優益谷氏」とはどういうことかと考えたが、「盟友益谷氏」であることに思いついて、とんでもない言葉が同音語として障害を起こすものだと思った。

新聞では、略語のために迷うことがある。今でこそ有名だが、「身障者（身体障害者）」「失対（失業対策）」「国保法（国民健康保険法）」なども、なじむのに多少時間がかかった。「外為」が「外国為替」のことであり、ガイタメと呼ばれるということなど、いつのまにか覚えたが、目に訴える新聞では、どう発音されようと、それはかまったことではないと言わんばかりに、新しい略語を作っていく。しかもそれが音読されて、耳で聞く段になると、何のことかわからなくなる。同音異義語も、そのためにますますふえることになる。「シッタイ（失業対策）」など、少なくとも私には耳なれないし、耳で聞いた場合にはまごつくことであろう。「ゼツアン（絶安）」という言葉を使っていいかどうかが新聞紙上で問題になったことがあるが、「絶安」が「絶対安静」であることが、一般の人にわかるのには相当時間がかかることであろう。新しい語であっても、それがしじゅう使われれば、定着してしまうのが常である。「瀆職《とくしょく》」の言いかえ語の「汚職」も、不幸にも「汚職」事件があまりにも多すぎたため、すっかり目なれてしまったし、また耳でオショクというのを聞いても理解が出来るようになってしまった。しかし、「絶安」のようなものが、そうたびたび新聞紙上で使われるとは思われないから、このようなものは、一般になかなかなじまないであろう。「絶対安静」という、元の語を使うのが、少なくともマスコミの上では親切であると思われる。

▼堅すぎる文章

薬は新しいのがどしどし作られ、宣伝もまた盛んなようであるが、薬の特長を説明した文章などになると、ずいぶん堅くるしいものが多い。たとえば、

従来、感冒（「かぜ」）の薬物療法は、解熱剤、鎮咳剤など単なる対症療法にとどまって、長い間進歩を見なかったが、最近の研究によって、感冒の諸症状はすべて過敏状態、すなわちアレルギーによるものであることが明らかにされ、このアレルギー症状を消退するために抗ヒスタミン剤が使用されるようになって、感冒の薬物療法が更に合理的になりました。

本剤一グラム中には約二億七千万の活性乳酸菌を含み、腸内でさかんに繁殖して各種の病原菌に拮抗し、殺菌力を発現します。また、この乳酸菌は多量の乳酸を産生して、腸内の腐敗発酵をふせぐばかりか、さらにビタミンB_2をも豊富に産生して栄養の助長に奏効します。

このような文章は、専門家である医者に読ませるためのものであって、一般の使用者に読ませるつもりのものではないのかも知れない。あるいは、このような堅い文章の方が、もっともらしい感じを与えて信頼感をかちうるのだという、考え方があるのかも知れない。また、こういう堅い表現でなければ、内容が言い表わせないのかも知れない。しかし、少なくとも「栄養の助長に奏効します」というような表現は、

　栄養の助長にききめがあります

でよいし、さらには

　栄養の助けになります

でもよいだろう。また、あるいは医学用語かも知れないが、「消退する」とか「拮抗《きっこう》する」「発現する」「産生する」なども、もっとやさしく言いかえが出来そうである。

お役所からの広報・告知の文章にも堅いものが少なくない。

道路幅員並びに施設が旧態依然たるに不拘、自動車を主とする各種車両の急増による交通量の増大が主な原因となっている。(警察署の広報)

最近の目ざましい交通量の増加は、都内の交通事情を一層深刻なものにしており、特に交通事故の増加と、交通渋滞化の傾向は、まことに憂慮されるところであります。

　これにたいして警察では、交通全般にわたりこれが円滑化に努めておりますが、皆さま方には次の諸点を良く認識され、御協力されることをお願い致します。(警察署の広報)

「旧態依然たるに不拘」「これが円滑化」など全体に文語調が濃い。それに「深刻」だとか「憂慮」「認識」だとか、あるいは「渋滞化」「円滑化」などと、もっとやさしく言える所を小むずかしい語を使って表現しているという感じがする。もっとやさしい表現をすれば「御協力される」ことを願われる一般市民にとっても、ずっとわかりやすくなるに違いない。「御協力される」という敬語の使い方にも問題がある。

　最近の交通発達などにともなって、警察の仕事もスピード化が強く要求されている実状にタイアップして、〇〇警察署ではこのほど原動機付自転車第一種（いわゆるモーターバイク）二台を備えつけて、〇〇町、〇〇町、〇〇派出所管内をその機動性を利用してすみずみまで絶えず警らをして犯罪予防や犯人の逮捕、交通違反の取締などのために活躍することになりました。（警察署の広報）

「警察の仕事もスピード化が強く要求されている実状にタイアップして」は、あまり上手な言いまわしでないが、ことに、このような場合に「タイアップする」という言い方を使うのはおかしい。「原動機付（注10）自転車第一種二台」などになるとまことにお役所らしいと言うほかはない。「いわゆるモーターバイク」と注をしているのは大変結構だが、一般市民に読ませるためには、いっそ「モーターバイク」の方を本文にして出した方がよさそうである。とにかく一般市民向けのものは、あまり役所用語にこだわらず、普通の名称の「モーターバイク」を使うという考え方が大切であると思われる。「その機動性を利用して」という言い方も堅い。

雑誌『言語生活』九五号（筑摩書房）に、松阪《まつさか》市の鈴木勇氏が次のような文章を紹介しておられる。傍点は鈴木氏が打たれたもの。

節水についてのお願ひ

炎暑の候と相成りました　毎度の御引立有難う存じます　本年は　まれなる渇水にて東京都に於ては　水源枯渇のため強力な給水制限が実施されたと聞いております長期予報によれば茲　当分降雨の模様なしとの事でございます　本市の場合　最需用期に入り水量の上昇　甚だしき現況でございますので此のまゝ推移いたしますと　水源を井水に求め居る関係上揚水機等の故障による最悪の場合に立到る虞れもありますので　需要者の皆さんも今から　節水に御協力下さいます様　御願ひ申し上げます

○○市建設部水道課

需用者各位

記

節水事項

一、散水《まきみず》は出来得る限り遠慮して下さい

二、漏水はその多少にかゝわらず速刻水道課へ御連絡下さい

三、洗濯物の流しすゝぎは止めて下さい

四、噴水、滝泉、その他娯楽用水は中止して下さい

水圧低下時の注意事項

一、生水の飲用をさけること
二、水道栓にホースのつけ放し等は汚水逆流のもとになりますから絶対止めること
三、下痢患者が炊事に従事しないようにすること

鈴木氏は「お役所というところは、なるべくムツカシイことをいわないと値打がないのである。だから市役所では、当用漢字・人名用漢字を使わない出生届は受けつけないが、自分の出す公文書には当用漢字も現代かなづかいも無視してよろしい。人民どもはよほど甘いと見られたらしい。」と言っておられる。「慮れ」「速刻」などの誤字・あて字もあるが、「最需用期に入り」「水量の上昇甚だしき現況」「此のまゝ推移いたしますと」「水源を井水に求め居る関係上」「水圧低下時」等文語的な堅い表現のあることが問題であろう。この「節水についてのお願ひ」という市役所の文章でもそうだが、とかく役所のものは、取りすました、よそよそしい感じを与えるものが多い。たとえば、次の文章もそうである。市役所からの計量器定期検査についてのお知らせである。

計量器の運搬が著しく困難である場合その他特別の事由がある場合に計量器の所在の場所で行う検査は六月十六日から七月十五日まで一か月間。

役所からのお知らせは、一般市民の生活に関係するものであるだけに、市民にとってもっと親しめるものであっていいはずである。それに、一般の市民に十分わかる表現であることも大切であろう。ところが、どちらかというと、役所のお知らせがかなり独善的であることは、大いに問題とすべきことと言ってよい。まず第一に、自分たちの職域で使っている専門語や、あるいは術語を、不用意に使うことが少なくないのはどうであろう。警察広報で、

非行少年・問題少年・虞犯少年
物件事故・人身事故
道路の幅員の有効化

というようなものを使うのは、一般家庭に顔を向けている文章としては問題であろう。もっとも、「非行少年」などは新聞でかなりなじみになって来ているが、「虞犯少年」などになると、どういう意味のものか、普通の人にはわからないであろう。ことに耳に「グハン少年」と聞かされたのでは全く何のことかわからない。

かりに、術語の中の一部のものはやむをえないとしても、たとえば、次のような表現は、役所のお知らせなどではふさわしくないと言えるであろう。

様相を呈する
予断を許さない
市民を対象として調査を行う
災害地の衛生状態を把握するため
運転に支障を来す

これらは、もっとすらりと言い表わせる。たとえば、「様相を呈する」は「模様である」でよいであろう。「市民を対象として」は「市民について」でよいであろうし、「調査を行う」は「調査する」でよい。すべて「展示を行う」「運動を行う」などのたぐいの言い方は、「展示する」「運動する」でよい。「名詞＋動詞」という形で表現するより、動詞一語で表現した方がすっきりするし、またわかりやすくなる。しかし、どうも、漢語を並べ立てる方が、大方の好みにあっているようである。たとえば、木村氏の紹介している大学生の作文にも緊張場面からの一時的離脱が新らたな場面への新適応を容易にします。

のようなのがある。

▼混乱した文章

役所からの文書の中にも、もちろん、やさしく書こうとしたものはある。しかし、次の文章の場合は、書き手の誠実さは十分くみ取れるけれども、いかにも文章が整っていない。そのために、何を言おうとしているかが、読み手にははっきりと伝わらないうらみがある。警察署の広報の中から拾ったものである。

事件の内容を少し、くわしく聞くと、「ぐずぐずせずに早く来てくれ」と怒りだす人もいますが、訴える人は事件を目の前にして無理もないと思いますが、知らせを受けた警視庁無線室は事件のあらましと場所がわかればすぐ管轄の警察署とパトロール・カーに連絡を始めますが、なお出来たら目標になるものや犯人の人相等直ちに手配に役立つことがらもあはせてお知らせ下さい。

この文章は、「が」という接続助詞を三回使って一つの文に仕立てている。そのため、事柄が平板に並べられているだけで、因果関係・論理関係がはっきりせず、そのためにこの文章の意図する中心点が浮き上ってこない。いくつかの文にくぎって、それを立体的に組み上げることが必要だろう。なお、表記には、かなづかいの誤りがある。

次の文章も、同じような欠点を持った文章である。いろいろの事柄が、ごたごたと並べられていて整理されていない。

私の勤務している学校でも、毎年ある海水浴場で、三泊四日の臨海学校を開いて、山の中学生全員を海に親しませ、泳ぎを覚えさせながら、心身の鍛錬をさせて、良い結果をみていますが、その計画を立てる際に困るのは、宿泊所の問題です。今までは、海辺のある小学校の校舎を借りて、夏休みで子供のいない教室の板の間に、むしろを敷いて、寝泊りをしていましたが、それでは、教師も子供も疲労が重なり、その上、炊事の問題に頭を悩ませました。しかし、それでも、おかげで、今までは、経費の面で楽でしたが、今年その小学校が、校舎の建てましを計ったため、宿所がそこにとれず、とうとう、海浜の一旅館に宿をとらざるを得なくなったのです。山の中から貸切

りバスをやとって出て行ったうえ、高い宿泊費を出さなくてはならないので、父兄の負担は重くなります。（放送・投書）

この文章は、文章の構成を最初に十分に考えて書くということでなしに、思い浮かぶままに片はしから書いていったと言っていいようなものである。だから読み手はどこへどう引っぱられていくのか予測がつかない。多分次にはこんなふうに展開するのだろうと思っていると、それがはぐらかされてしまう。このことは一つの文の中にさえ現われている。たとえば

それでは、教師も子供も疲労が重なり、その上、炊事の問題に頭を悩ませました。

のように、一つの文の中に、違った事項が二つ盛りこんである。この二つの事項は、それぞれ独立の文に仕立てた方がいい。とにかく、至極歯切れの悪い文章と言うほかはない。

次は、ライフ誌5月19日号の首都東京の混乱を報じた記事についての文章である。

> いうまでもなく、近年における東京のこのような悲劇はいちじるしく、わけても都心部に対する各種機能の集中化、それによるぼう張はますます加速度的な傾向さえ示している。特に自動車の増加・各種ビルの建設・公共施設の不足、これによってひきおこされる都市経済活動の低下、市民生活の混乱はますます深刻な問題になってきている。
>
> 　この根本的な問題は、都市計画の進行の度合より年々増加する人口がはるかに多いということであろう。これは農村などにおける人口収容力が産業構造上限界にきていることから政治・経済・文化の中心都市として東京都がもつ経済的優位と都市文化のもつ魅力がおおきく起因しているものと思われる。（広報）

「悲劇はいちじるしく」という表現は落ち着かない。そうかと言って「いちじるしく」は、しばしば副詞的に使われるから、何かを修飾しているのかと思うと、後にそれを受けるような動詞は見当たらない。「それによるぼう張」とあるが、一体何が「ぼう張」するのかがはっきり示されていない。「自動車の増加」「各種ビルの建設」がなぜ「都市経済活動の低下」をひき起こすのか、因果関係が明らかにされていない。次に「この根本的な問題は」の「この」は一体何を指しているのだろうか。むしろ「この」のない方が文章ははっきりする。「この」のために、かえって混乱させられる。せめて「人口の増加する度合がはるかに大きい」とでも言うべきであろう。その次の「これは農村などにおける人口収容力が……」の「これは」も指すものがはっきりしない。この文章は、むやみに力んでいるだけで言葉足らずというところであろう。

週刊誌の読者は恐らく広い層にわたると思われるが、私はあるスポーツ週刊誌で、実に恐るべき文章にぶつかった。このことは、すでに『群像』（講談社）の昭和三四年八月号に紹介したことがある。

> しかし不運にして負けた場合でも、僕はナインが全力をふりしぼって負けたのだったら決して責苦すべきではない。

「僕は」に対する述語はどこへ行ってしまったのであろうか。「責苦にあう」という言い方はあるが、「責苦する」というのは初めてお目にかかる言い方である。

> つまり前者につづけという突貫的なナインの闘志が、長打の山を積み重ねる原因となっているのだ。

「長打の山を積み重ねる」とは妙な比喩《ひゆ》である。

三角形の目、大きなドングリ目をキョロつかせて

「ドングリ目」というのは丸い目の形容だろう。これはまるで出まかせである。

なかでもAは、毎試合のヒーローをBと食事のおごりに賭けるほど、徹底した闘志のほどをのぞかせている。

妙に持って回った言い方である。

今シーズン信頼される不動の四番打者を確固づけた最大因は、

「確固づける」も普通ではない。「最大因」は「最大原因」の誤植であろうか。とにかくこのスポーツ誌の記事は、大げさな身ぶりの、そして、ただただ勢いのいい言葉を並べた

てた文章と言うほかはなかった。

とかくおしゃべりな文章には、おかしな表現が含まれているものである。

たえまなく降る雨は、この人たちに、やるせない暗い気持を誘わずにはいないのです。（放送）

社会の暗い縮図が、失業対策事業に肩がわりして、この人たちの、くらしの支えになるのです。（放送）

何か手拍手で思いつくままに言葉を並べたという感じがする。次のも放送で出てきたもの。投票日当日の選挙事務所の風景を描写して

昨夜までうなりにうなったスピーカーも今日は淋しく事務所の片隅にたむろして、丸くかこんだテーブルには運動員が和やかに談笑しながら、何の屈託もない表情で夜の開票を待っていました。

「スピーカーがたむろする」「丸くかこんだテーブル」など妙な表現である。それに選挙

運動を終わった運動員の表情を「何の屈託もない」としたのも、どうも事実とはぴったり合わない表現のように思われる。

　市内に住む一人の男、ある朝仕事に出る途中、一匹の大きな豚がのこのこ歩いてくるのに出会いました。オヤ!!　と思ってみつめた男の脳裡にふと浮んだのは、数日前、知人から「豚を飼いたいが世話してほしい」と頼まれていた事でした。サテコソ!!　意を決した男は早速、豚を追いにかかりました。（中略）

　所で、その間《かん》の豚の歩いた距離は四キロあまり、従ってこの男、一里以上の道のりを、足を棒にして「ブタと共に」としゃれこんだわけです。もちろん、この涙ぐましい努力も程なく一場の夢となってしまいましたけれども、刹那的アプレ犯罪の横行するこのごろ、あわただしい師走の世間をよそ目に真にのんきな男もあったものですが、

……（放送）

「オヤ!!　と思ってみつめた男の脳裡に」とか「サテコソ!!　意を決した男は」とか、まことにバランスのとれない表現である。豚の歩いた距離が「四キロ」で、従って男は「一里以上」歩いたという所なども、御本人はしゃれたつもりかも知れないが、聞いていて、

ばからしさが先に立ってしまう。

意味はどうでもいい、何か気分が伝えられればいいのだ、という文章もありうるに違いない。しかし、そういう文章でも、効果を計算の上、十分に計画されたものでなければならないだろう。ただ、むやみに、かってなおしゃべりをすれば、自然に何かムードがあらわされるというものではあるまい。

次のは新聞にのった、本の広告である。

> ごく短くて、しかも長編に劣らない探偵小説の醍醐味を兼ねそなえたミステリーのなかのミステリー!! 犯人探しの本格的興味と、読者をアッと言わせる解決の意外性、更に、ハードボイルド的なキビキビしたスピード感から突然、読者を恐怖のどん底に叩きおとすゴシック風な怪奇趣味、又、フランス風に小粋なユーモアとウイットに至る迄、どのページを開いても、あなたの一分間を無駄にさせない。電車の中やオフィスで、ぜひお試し下さい!!

広告ということを意識した文章であることは確かだが、「解決の意外性」とか「ゴシック風な怪奇趣味」とか、妙な言葉づかいであるし、「ぜひお試し下さい」も、わざと使ったものかも知れないが、やはり落ち着かない。

次のはある映画の広告文。

　文豪ユーゴーの香り高き名作の真価を三時間余で味わわすこの映画は文部省特選を始め各界の絶讃を得ており、お家族の皆様へ自信をもって贈る名作です。全文化人絶讃！

お客をひきつければいいので、それ以外のことは何も考えなくていいというのであろうが、「名作」「特選」「絶讃」というような語を並べたてたにすぎないものと言える。

次のはある飲料の広告。

　新発売！

　舌でまさぐる宇治の香りに　平安の昔が偲ばれる味です　異国の方にはグラスの底からショウ七リキの音が聞えてくるそうです　またお若い方にいわせると十二単重の胸元から　豊かにこぼれる現代女性のにほい　そんな酔心地です。

誤字やらあて字やら、かなづかいの混乱やらがあるし、とにかく普通の文章の常識をはずれている。

広告などの場合、格にはまらない、くずした文章が行なわれるのは自然であろうが、しかしそのくずした文章は、意識的にくずしたものでなければならないはずである。達意の文章が十分書けるような人が意識的にくずした文章であればいいが、文章に未熟の人がかってに書いた文章では、少なくとも新鮮さはあるかも知れないけれども、ほんとうに訴える力は持ちえないと思うが、どうであろう。

先年、

会費100円でオーケーNOチップ

という車内広告を見たことがある。わずかな所に漢字・平かな・片かな・ローマ字・算用数字が使われているし、漢語・外来語・外国語がはいっているというわけである。そういう意味で、これほど端的に現在の日本語の姿を示しているものはないと思う。一体このごろの西洋語の使用はおびただしい。ことにテレビ放送が行なわれ出してからは一層はげしいようである。しかしこれも、あまりに乱用されると、わかりにくい妙な文章になる。前にあげた、「ごく短くて、しかも長編に劣らない」で始まる本の広告もそうだが、次の広告も外来語が多い。

アカデミックな落ちついた若さと大人っぽい若さのデザインがクラシックトーンです。ウィークデーの機能性を表現したソフティテーラード　ホリデーを楽しむ生活を表現したロングスカート　この二つをテーマにした作品40点展示　イージーメード承り

外来語もある程度はやむをえないだろうが、あまりに多いと、おもちゃ箱を引っくりかえしたような印象を受けるだろう。[注11]

これまでの例でも明らかなとおり、普通の文章の場合、意味が通らないということでは、悪文のそしりをまぬかれない。さらに、放送・新聞・広告・広報というようなたぐいでは、一般の家庭人にわかるかどうかが、文章のよしあしをきめる一つの観点になる。あまりにもむずかしい文章は、やはり悪文の中にかぞえてよいだろう。

注1　この文章は、昭和三十一年頃のもので、戦時中から現在に至るまで存続している、食糧管理制度の改善に関するものである。昭和三十年、米の供出割当制が廃止され、予約売渡制が採用された。この結果、生産者は、収穫前に政府に売渡す、米の予定数量を申し込むこととなった。翌三十一年には、余剰米の集荷対策のための臨時措置がきめられている。なお、現在、米は、唯一の統制物資であり、食糧管理制度に基づき、生産者からの買付け、消費者への配給、価格等を政府が管理している。しかし、昭和四十四年に自主流通米の制度ができて以来、統制という意識は、次第に影をひそめることとなった。

注2　この文章は、いわゆる、なべ底不況（昭和三十二年下期から昭和三十三年下期まで）の頃のものである。昭和三十二年、綿糸、毛糸、人絹糸、スフ糸など、スフ・綿紡各社は、操業短縮を勧告され、この短縮は、昭和三十四年まで続けられた。なお、日本の景気は、昭和三十四年から上向き、世にいう、岩戸景気を迎えることになる。

注3　この文章は、昭和三十三年頃のものである。世界の輸出は、昭和三十三年に、その前後の年よりも大きく減少した。しかし、世界の生産、日本の輸出、生産は、ほぼ横ばいの状態であった。

注4　秘密を持った登場者に、数人の解答者が質問することによって、その秘密をあてるという趣向の番組。

注5　元首相。第三次鳩山《はとやま》内閣のあとをうけ首相に就任したが、病気のため、わずか二ヵ月で辞任した。

注6　フランスの将軍。政界へ進出し、昭和三十四年、大統領に就任した。アメリカやソ連と対抗し、フランスの国際地位の向上につとめた。この頃のアメリカ大統領は、アイゼンハワー、ソ連首相は、ソ連共産党の第一書記であった、フルシチョフである。

注7　宗谷は、もと海上保安庁の巡視船で、昭和三十一年から昭和三十七年にかけて、南極観測船として活躍した。

注8　吉田《よしだ》内閣で、官房長官、厚生大臣などをつとめた。

注9　吉田内閣で、建設大臣などをつとめた。

注10　現在は「原付自転車」などということも多い。

注11　最近の例を一、二あげておく。昭和五十一年の朝日新聞「天声人語」には、

　マニッシュにコーディネイト、キュートに着よう

という文が紹介されていた。若い女性などには、簡単に理解できたであろうが、一般的にはどうであったろうか。また、最近の毎日新聞「オーディオの話題」には、次のような文章がのせられていた。

　外観はカセット・テープと同じだが内部にテープの代わりに面白い仕掛けがあり、デッキにセットして再生状態にするとデッキの巻き取りリール軸の回転で内部の仕掛けが作動し、

ヘッドに触れるところについているフェルト・パッドが、ちょうど自動車のワイパーのような動きでヘッドをクリーニングするもので、付属のクリーニング液をパッドにつけて使用し、一回に20秒から40秒。キャップスタンやピンチローラーが触れる部分にもフェルト・パッドがついており、同時にそれらもクリーニングする。クリーニング効果が高く、パッドのワイパー・アクションがユーモラスなアイデア製品である。

この文章は、外来語なしには書けない要素をもっているが、特定層を対象とする文章だけに、専門的な用語が多い。また、一つの文の長さが長い。一般の人には、理解しにくいものの一つにあげられよう。今後の日本語の文章のあり方を暗示しているような文章である。

〔補記〕本章の例文は、主として昭和三十三・四年頃の、新聞、放送、広告、広報などから集めたものである。内容的に古くなった例文もあるが、典型的な悪文の例であるので、第三版の改訂にあたり、これを差しかえることをしなかった。このため、読みやすさを考え、いくつかの例文に、内容に関し、最小限の注を加えることにした。参考にしていただければ幸甚である。

構想と段落

▼段落なしは困る

奥様が子供達を怒る怒り方にもイロイロの型がありますが、我が子は我が子なりと思えば怒りも出るはずはないものを、分身なるが故に全く浅ハカなりとはキリストの御言葉？　愛は美しく涙にかみしめて怒り下さい。

東京都内のある洋装百貨店が月に二回発行しているPR新聞の一隅に、おかしな文章を見つけた。ぺらぺらと、無意味なおしゃべりを聞かされたようで、変な気持だ。書いた人は、しゃれたつもりなのだろうが、「怒り下さい」（「お」が落ちた）などという言葉にも表われているように、困った文章と言うほかはない。この文章は、ただ一つの文で出来ていて、その字数は九三字。文としては、相当長い方に属する。長い文が常に悪いというわけではないが、この文のように、切れそうになりながら、ふらふらと続くのは、悪い長文の一つの型である。

このような腰のふらつきが、そのままで延びていくと、段落の切れない文章になる。次の文章は、ある小学校のＰＴＡの文集から取ったもの。

校外補導についての反省

月日は流れる水の如くとか！　何も解らぬままに一年間の校外補導を引き受けましたが、早やそれも終止符を打とうとしています。一体、今日まで行って来た校外補導は何か、と考えさせられるべき事は非常に多かった。これはあくまでも学校を中心とし、児童を中心とした外部的支援ではなかろうか。例えば、この一年間を通した行事の中でも、〝地区会開催〟という項目があり、又実際に行って来たのだが、これは主に役員だけの話し会であり一般の父兄はほとんど参加しなかったということも一目おくべきではなかろうか、この様な〝場〟というものに、誰でも、もっと多くの人が気軽に参加出来る状態に持って行く事が出来れば、よりよい向上が計れるのではないかと思いました。そして〝～の対策〟とかいう前に、まず自分の環境をよく考えて、その子供らに対し有効なる習慣をつけるべきではなかろうか、〝よい習慣〟〝よい躾〟が完備してこそ、これからの社会をになっていくにふさわしいのではないでしょうか！この様にしてこそ、いろ〳〵の対策、補導に効果が上るのではないかと思いました。といいましても、家庭により個人差、環境差がありますので、どうしようもないのが現実であります。そして親子の話し会がいかに有益であるかは、理論よりも、現実に突入してこそ、知るのである。今後も一年〳〵と生長していく子供達がのび〳〵と、明るい社会に送り出せるように、影ながら努力したいと思っております。

　文字や記号の使い方の不適切さは、ここでは言わないとして、そのほか、この文章はさまざまな問題を含んでいる。「終止符を打つ」「〝場〟というもの」「よりよい向上」「理論よりも現実に突入して」など、もっとすなおな言い方をしたらいいもの。「考えさせられるべき」「一目おく」など、借りものの言葉の使い誤り。「……が完備してこそ、これからの社会をになっていくにふさわしいのではないでしょうか」「子供達がのび〳〵と、明るい社会に送り出せるよう」など、照応の破れた文構造。「である」と断定することを忘れてしまったような「ではなかろうか」の連発。いずれも文章の病気と見るべきものであるが、この文章のいちばんの欠点は、筆者の言おうとしている要点がよくわからないことである。これは結局、段落の問題に帰する。長さだけから言えば、全体一段落でもかまわない長さだが、意味構造から言うと、どうやら、この人の言いたいことは、一つだけではない。校外補導の任務が「外部的支援」だということ、役員だけでなく、みんなの参加する地区会にしたいということ、各自の環境に即したしつけが必要だということ、この三つは明らかに別のことだ。それが「例えば」「そして」のような、すぐにつながる言葉で、こともなげにつながっている。つなげることばかり考えずに、文章を切って改行し、段落のまとまりをつけるべきであった。この文章の主旨を効果的に表現するためには

(1) 書き出し、校外補導の任務
(2) 過去一年間の運営法の欠点
(3) 望ましいあり方についての意見
(4) 社会の実態と現実的な対策

の四段落に分けて記せばよい。

この文章が、さきにあげたような、たくさんの欠点をもっていることは、立てるべき段落を、立てないで書いたことと関係があるように思う。段落を立てなかったということは、筆を取る前に、どれだけのことをどういう順序で書くかという全体の見通しが立っていな

かったことを意味する。ふだん、ものを書きなれていない人が身構えなしで文章を書くと、とかく行き当たりばったりの文章になりやすいのである。

いま、原文の考えや語句をなるべく尊重しながら、段落を立てて書きなおしてみよう。

何もわからぬままに、一年間の校外補導を引き受けましたが、早いもので、もう、その一年も終ろうとしています。どうにかこうにか今日までやってきたことを通して、あらためて、校外補導の任務は何かと考えてみますと、それは、学校が児童を教育する事業を、家庭や地域が外部から支援することだろうと思われます。

さて、この一年間に、どの程度任務が果せたでしょうか。反省しなければならないことが、たくさんあります。中でも、いちばん残念だったのは、各地区で地区会を開いても、集まるのは役員だけで、一般の父兄がほとんど参加しなかったことです。これは、来なかった人の責任ではなく、わたしたちの責任です。こういう会合に、もっと多くの人が気軽に集まれるようにすることが、まず何より大切だと思いました。

それから、わたしたちは、何々の対策とか、大げさに問題を構えるよりも、まず足元の、自分の家庭環境を整えることが大事だと思いました。子どもによい習慣をつけるのは、何といっても、家庭のしつけです。ひとりひとりの家庭環境が整ってこそ、これからの社会をになっていく子どもを作ることができるのだと思います。

そうはいっても、各家庭には、それぞれの事情があり、そう簡単に、よい環境を作るわけにはいきません。そこに、おたがいの悩みがあります。しかし、この悩みも「どうしようもない」といってしまわないで、まず親子で何でも話し合うことが大切でしょう。今まで自分ひとりで悩んでいたことが、地区会などで親子いっしょに話し合ってみると案外解決できることがあるのです。わたしも、そういう希望だけは、もつことができましたので、今後も、やがて社会へ出ていく子どもたちを、明るくのびのびと育てるために、かげながら努力したいと思っております。

▼改行しすぎは段落なしにひとしい

小学校六年生になった女の子が、遠足の作文を書いた。下書きを書いて、めずらしく見せにきたのを見ると、ます目のない紙に、次のように書いてある。

三浦半島へ

朝六時半に起きて学校へ行き、七時に三浦半島へ向かって出発した。

山下公園で十五分位休みまた出発した。

この次は、ペルリ記念ひを見た。男の子達が登っていたので私も登った。

この次は魚市場である。

魚市場には、まぐろがかちかちになったのがいくつもあった。おけには、かつおがはいっていた。

その次には、いよいよ油つぼである。

油つぼには水族館がある。

水族館の庭には、かめが四ひきいた。

あまり動かないので、石かと思った。

水族館から出て海辺で遊んだ。

私たちはここで写真を取ってもらった。それからここで貝を取った。私も少し取った。

水族館の中には最初にさめと、えいがいた。えいのしっぽが、切れていたので松尾君に聞いたら「しっぽに毒があるので、切ってあるのだ。」と言った。もっと中へ入ると、ほうぼうといって、足が六本ある魚がいた。岩の上には、魚に羽がはえているのがあった。それは、むらさき色で、とてもきれいだった。となりには、ふぐの種類がたくさんいた。

上にあがっていくと、魚のぞうもつや、ひとでがたくさんあった。上は、みんな先にいってしまうのであまり、たくさん見れなかった。
帰りのバスは女の子も男の子も、あばれていた。私も節ちゃんや田島さんと遊んだ。
今までで一番楽しかった。

前半は、ほとんど一文ごとに改行されている。これも、段落ごとにまとめようという気持がなかった証拠である。これでは、しようがないので、「行をかえたら一字さげをして、段落の変り目をはっきりさせて書きなさい」と、それだけ注文した。内容がつまらないとか、描き方が浅いとか、そう立ち入ったことは、一つも言わなかった。
しばらくして、原稿用紙に書きなおしてきたのを見ると、こうなっていた。

三浦半島へ

朝六時半に起きて学校へ行き、七時に三浦半島へ向かって出発した。
山下公園で十五分位休んだ。
この次はペルリ記念ひを見た。男の子達がおもしろそうに登っていたので私もよじ
登った。影山さんも登ったが、みんながおりているのに、おりられなくなって
「いやんこわい」

などといっているので南崎さんが
「ここへ足をかけたら」
といったが、
「そこをどいて」
とみんなにいって、とびおりた。先生が来て
「あぶないわよ」
といっていた。それから私と田島さんでいかりのようなものにのぼった。先にのぼった人が
「水がついているからすべるわよ。」
といったが、
「そんなのへいきよ。」
といって登っていた。バスの中で
「林が記念ひを登る所をたくさんとったよ」
といったのではずかしくなった。

この次は魚市場である。魚市場にはまぐろがカチカチになったのがいくつもあった。おけにはかつおがはいっていた。さばを船から出している所も見た。

その次はいよいよ油つぼである。油つぼには水族館がある。水族館の庭には、かめが四ひきいた。よこ田くんが、おく村君に
「二ひきと、いったくせに、」
というと、おく村君が、
「あまり、うごかないから、わからなかったんだ。」
と言いあいをしていた。二人とも口をとんがらしてふぐみたいなかおをしていた。私も、あまり動かないので、石かと思った。水族館の中には最初にさめと、えいがいた。えいのしっぽが、切れていたので松尾君に聞いたら
「しっぽに、毒があるので、切ってあるのだ。へたすると死ぬ。」
といった。私は
「なんてこわい魚だろう」
と思った。えいは池の中をぐるぐるまわっていた。もっと中へはいると、ほうぼうといって、足が六本ある魚がいた。べんりな魚だなと思った。岩の上には、みのかさごといって、羽がはえているのがあった。空をとべたらいいだろうなと思った。それは、むらさき色をしていた。こんな魚をかったら、家の中があかるくなるだろうなあと思った。となりには、ふぐの種類がたくさんいた。はこふぐといって、形がちょっと、

はこににているのではこふぐというのだろうと思う。私はふぐというあだ名だがにていなかった。つののあるふぐもいた。上にあがっていくと、魚のぞうもつや、ひとでや、たかあしがにもあった。魚のうきぶくろがびんにいれてあった。えびも長さ三十cm位のがあった。上は、みんな先にいってしまうのであまりたくさん見れなかった。

水族館から出て海辺で遊んだ。私たちはここで、だんそうをうしろにひかえて先生に写真を取ってもらった。それからここで貝を取った。いそぎんちゃくではたてじまというのがいちばん多くいた。おすと、水をだすのできもちがわるかった。いそぎんちゃくは、これでてきからふせぐのだろうと思った。

帰りのバスは女の子も男の子も、あばれていた。私も節ちゃんや田島さんと遊んだ。今までで一番楽しかった。

内容のことは言わなかったのに、量が倍以上になったのにおどろいた。観察が細かくなって、叙述がずっとくわしくなったのである。たずねもしないのに、段落を分けた基準を語るのを聞くと、「ここは同じ場所でのことだから、ずっと続けて書いた」とか、「水族館の中のことはひとまとめにした」とか言っている。会話の言葉の書き方は、教科書にあるとおりにしたので、段落とは関係がないのだという。

書きなおした方も、内容的には、最初同様あまりおもしろくはないが、筆力の発揮という点から言えば、全く面目を一新している。段落ごとのまとまりを意識した結果が、一つのべつ無差別であった経験を分節的に見ることになったのだろう。およそ、分節化が構造の第一歩である。

国語科の学習指導要領では、小学校四年で、段落を考えて書くことを指導するよう規定している。この子は、六年になっても、段落を考えて書く態度が出来ていなかったわけであるが、考えた結果は、思わぬ面までよくなったのである。文章を文章らしくするためには、まず、段落意識をもつことが大切である。

▼構想の立たない文章

前節の子どもの作文は、経験し、見聞したことを、そのままの順序で書いたもので、文章の形式としては、最も初歩のものに属する。この種の文章で、段落の働きは、ともすればそれからそれへと、とりとめなく移っていく視点を、場面場面にすえさせることであり、それにとどまる。言わば、映画にすれば、いくつのシーン、紙芝居なら、何枚の絵にするかというところ。場面の切り取り方は、人によって自由であり、こうでなければならぬという形はない。

ところが、すこし理屈を述べる文章になると、だれをも納得させなければならないから、書き方の順序やまとめ方も、そう、各人の勝手というわけにはいかない。前に引用したPTAの文集から、もう一つ例を引こう。これも段落がない。

子供の導き方

お母さん方はとかく家庭の内に閉ざされ雑用に追はれ何が何でも家庭の仕事を処理する事にのみ神経を傾けて居るというのは、誠によろしき妻で有り母親で有ります。其れに子供の可愛くない両親は誰一人として無い筈です。又親馬鹿とか申して子供の事なら何をさて置いても、一生懸命になるのが常人ですが、其の如何によっては子供も左右されるのではないでしょうか。子供の導き方は口で申す様には行かず、仲々困難な様です。其れで子供を育て上げて行くには、大いに工夫研究が必要な訳ですが、と申しますとむづかしい様ですが、其れには何も学問が必要な訳でもなく大いに見聞を広め先生方に相談もしたり話し合を持って行くことによって処理して行く事が出来る事と思います。〝三つ児の魂百までも〟とか申す言葉が有りますが満三歳までには良し悪をはっきり教へ込んで少しきびし過る位に育てて置く方が其の後の指導にやり安い様です。反対に小さい内は可愛がり過ぎて、五・六歳頃になって憎れ口を覚えたり、だんだん幼児期から学校に入る前位に成と知能も発達し反対言ばかりいう時期があります。此の時がお母様の一番大切な時ではないかと思う。子供の反対言に左右されないで此の頃に責任感を持たせる様に躾けて行く。良く見受けるのですが電車の中やデパートですねている子供は五・六歳頃が一番多い様です。此位になると親の云う事も分って来る頃ですから叱る事を後廻しにして話し合って両方の意見を出し合い、お母様も説明をし其れに納得した場合は大いに良い子である事をほめてやる。子供を叱っても効果は無い事は皆様御存知だと思いますがおだてゝほめてやった方がずっと効果的です。子供も親も時間に切り目をつけてさあ頑張ろうと掛け声を掛けて上げる事も必要ですし、分らない時は一緒になって考えてやる熱心さも必要ではないか。家庭では両親は申す迄も無く一心になり子供が安心して勉強出来る環境におき、子供と共に何事も話し合える場所でありたい。何時〳〵迄も子供から親しまれる両親……こう願う。家庭内では良き躾、学内では先生の指導下で〝良き子を創造する〟これが親の望みと思う。

これは、「子供の導き方」と銘打って、正面から説教するだけあって、なかなかの見識ぶりである。その見識のほどはわかるのだが、叙述の内容は、あまりすらりと頭にはいってこない。書き出しが、「お母さん方は……にのみ神経を傾けて居るというのは、誠によろしき妻で有り母親で有ります。」という、皮肉とも何ともつかない言い方なので、読む方は、この人、一体何を言うつもりなのだろうと、首をひねる。ところが、次の「其れに子供の可愛くない両親は誰一人として無い筈」というのが「それに」でつながるような、ぴったりした叙述でない。その次は「親馬鹿」で、直前の文と大体同じことを言っているのに、その出だしは「また」と、よそへ転ずるような言い方だ。「其の如何によっては子供も左右される」というのも、何に左右されるのか、よくわからない。そして、「のではないでしょうか」という自信のない言い方。

　このように、書き出しが正体不明なので、読者は先の見通しがつかない。しかし、「三つ児の魂百まで」という所から、どうやら得意の場面にはいったようで、以下、児童心理学の開陳が始まる。つまり、読者は、後半になって、「ああ、この人はこれが言いたいのか」と思い当たるので、そこまでは、筆者の、いわば試行錯誤（いろいろなことをやっているうちに、正しいものに当たる）のおつき合いをさせられるようなもの、迷惑なことである。

　しかし、よく読んでみると、次のように、筆者の心の動きがたどれる。

(1)　だれでも子どもには一生懸命だから、子どもは親の影響を受けずにはいられない。
(2)　子どもの導き方はむずかしいが、人と相談したり話し合ったりしていけば処理できる。
(3)　三歳ぐらいの時きびしくしつける。
(4)　五、六歳で理屈を言うころ、納得がいくように話し合う。
(5)　家庭で、よい親子関係を作りたい。

(3)、(4)が中心点であるが、(2)の位置が気になる。「導き方はむずかしい。むずかしいが、あなたがたは、なにも学問などしなくても、然るべき先生の意見をきけばいい」という意味のことを言って、次が自分の説教だから、「先生方」はじめ権威ある人々の第一号に自分をあげたことになる。かさねがさね、この筆者は、自分と読者との関係に無神経である。

この文章の悪さは、筆者があらかじめ自分、読者、内容の三者の関係を見定めなかったことから生じたものである。自分と読者との関係を考え、その上で、これにふさわしいように内容を考えることを、「構想を立てる」と言う。内容を考えるというのは、次の三点のことに帰する。

(1)　テーマをはっきり見定める。
(2)　テーマを展開する順序を考える。
(3)　テーマの肉づけになる資料を整える。

構造に従って、各分節を一つの段落として立てるのである。
これをまた、書きなおしてみよう。

おかあさん方は、とかく家庭内の雑用に追われ、その日その日の家事を処理するのに神経をすりへらしています。一面からみれば、まことによい妻であり、よい母でもあると申せます。いったい、世の中に、子どものかわいくない親はひとりもいないはずで、親馬鹿ということばのとおり、子どものことなら、何をおいても一生懸命になるのが常人です。だからこそ母親は、毎日子どもの世話で一日くらしているのです。よいにつけ、わるいにつけ、それだけの熱意が子どもに影響を与えないわけはありません。

ところで、子どもを導くのは、口で言うようにやさしいことではありません。愛情さえあればいいというものでもないので、わたくしどもは、ただ毎日子どもの世話をするだけでなく、子どもの育て方について、工夫研究することが必要です。というと、むずかしいようですが、それには、何も学問が必要なわけではありません。まず、できる範囲内で見聞を広め、機会があれば先生方に相談もし、また母親同士で話し合うなどのことが考えられます。

　ささやかながら、わたくしの経験で申しますと、「三つ子の魂百まで」とも申すとおり、満三歳までには、ものの良しあしを、はっきり教えこんで、すこしきびしすぎるくらいに育てておくと、その後の指導がしやすいようです。反対に、小さいときかわいがりすぎると、五、六歳ごろになって、憎まれ口を覚えたり、さらに幼児期から学校にはいるころになると、知能の発達とともに、口答えばかりするようになります。この時が母親にとっていちばん大切な時だと思います。子どもの言うなりになったり、また、頭から子どもをおさえたりしないで、子どもに責任感をもたせるようにしつけていくのがよいでしょう。電車の中やデパートで、すねている子どもをよく見かけますが、こういうのは、五、六歳ごろが多いようです。このころになると、親の言うこともわかってくるのですから、しかるよりも話し合うことです。両方で意見を出し合って、母親の説明を子どもが納得すれば、大いに良い子であることをほめてやる。子どもは、しかるよりも、ほめたほうがずっと効果的です。子どもも親も時間に切り目をつけて、さあがんばろうと元気づけてやることも必要ですし、わからないときは、いっしょになって考えてやる熱心さも必要です。

結局、何より大切なのは家庭です。家庭では、両親は申すまでもなく一心になり、子どもが安心して勉強できる環境を作らなくてはなりません。その上、家庭は子どもと親が何事も話し合える場所でありたい。いつまでも子どもから親しまれる両親でありたいものです。家庭内でのよいしつけと、学校での先生のご指導と、両者相まって、よい子を作るのが親の望みです。

原文の言葉を生かしながら筋を通したので、言葉を補うことになり、長くなってしまったが、もちろん、もっと簡潔にすることは出来るだろう。

▼構想のよくない文章

構想は、ただ立てさえすればいいのではない。読者に訴えるように、効果的に立てなければならない。何が効果的か、そこがむずかしい所だ。うっかりして、効果的とは、巧みにトリックを使うことだなどと思ってはならない。

次の例は、ある業界新聞の、投稿随筆欄に出ていたものである。

マネキン人形

仕事に疲れた眼を窓の外にやる。向いの洋装店のショーウィンドウに、彼の視線はとまる。ほんのわずかな時間に、彼の眼はいやされる。

ショーウィンドウに飾られた一体のマネキン人形。それが彼のエネルギー源である。髪の形から足の爪先まで、なだらかな曲線で構成された人形の肌は、通りを距てた彼の事務机の位置から見れば、たしかに、より滑らかで魅惑的だ。しかし彼にはそれがコマーシャルな美しさにすぎないものだと思う。それは一個の人形である。人形に恋をし愛をうちあけた、遠い昔のロマンチックな詩人たちの物語をつづるというのは、余りにも幼なすぎる。実は、彼のエネルギーの源泉は、人形がまとう西洋のきものそのものにあるのだ。

彼はこの世に生をうけて以来、大へん長いこと、女性のきるものには無関心であった。きものはすべて人間の体を包むものでしかなかった。男が女に感ずる愛はきものを超越するものだと、信じていた。

だが、信念というものほど、移り変りのはげしいものはない。いつの頃からか、仕事の合い間に時折り眼をやる洋裁店の店さきに、彼は一つの楽しみを作り始めたのだ。

〈女のきものって、いろいろあるもんだなあ。〉

マネキン人形にきせられる西洋のきものは、何日かおきに、漸新なセンスに富む柄と布地に、流行のトップを切るデザインをほどこした美しいスタイルの服に着変えられ、道ゆく人の足をとめ、彼もいつからか、仕事の手をとめるようになってしまった。

彼はひそかな笑みを口の端に浮かべながら、

〈あれを、あの子に着せたらば、さぞかしかわいいだろうになあ。〉

とか、

〈あのこには、ちょっとはですぎるなあ。〉

とか、或は、

〈少し肌があらわで、やせてるあのこには……?〉

などと鑑賞するようになった。

日毎に、西洋の女性のきものに対する彼の眼識が肥えていった。しかも、常に彼の念頭を占める女性の像は、マネキン人形に変わる「あのこ」の姿であった。

彼は、たったひとりの「あのこ」に生甲斐を覚えている。たいくつで変化のない机の仕事も、ただ「あのこ」ありせばの結果だ。彼は生ける屍の如き男性と化するであろう。

次第に彼の頭の中には、「あのこ」と「西洋のきもの」とそれに彼の「ふところ」との三位一体説が盛り上がるようになった。

〈そうだ。あの子にプレゼントしてやろう。多分高いだろうが、今度のボーナスをはたけば、買えないこともあるまい。〉

女の子に贈り物をすることが、こんなにも嬉しいものか。彼は子供のようにボーナスの日を待ちのぞんだ。

〈マネキンさんよ、私はあの子に約束したよ。君のきるきものをプレゼントするとね。そのときはよろしく頼みますよ〉

初夏の風が柔らかく吹き込むあるお昼のこと、カチャカチャと空の弁当箱を新聞紙に包んでいると女事務員が彼に声をかけた。

「石山さん、お電話ですよ」

彼はいそいそと受話器をとりあげた。

「もしもし、石山ですが」

若い娘の声がはずんでいた。

「ああ、お父さん！　ボーナス、まだ？」

「うん、もう二、三日だよ」

「そお、おそいわね。待ちどおしいわ、お父さんのプレゼント……」

彼は二十歳になる「あのこ」の声をいつまでもここちよげに聞き入っていた。

これを書いた人は、きっと、われながら相当なものだと思っているに違いない。それほど、この文章は技巧的である。その技巧がこの文章を悪くしている。しゃれようとする気持が言葉のはしはしに出ているが、「漸新なセンス」の「漸」は「斬」の誤植だとしても、「眼識が肥える」は「目が肥える」と「眼識が高まる」の混同だし、「『あのこ』ありせば」は「『あのこ』あればこそ」の間違いだ（「ありせば」は、「もし、あったなら」という意味）。手の内にない言葉をもあえて使って、文章を美化しようとする態度はよくない。そんな態度が、この文章のように、「あのこ」「あのこ」で読者に妙な期待をさせておいて、最後に「お父さん」でひっくり返し、にやっと笑おうというような、すなおでない作意を起こさせるのである。

この人はこう書いてみたかったのだから、レクリエーションとして、書かせたらいいではないかという意見もあるだろう。それは、書くのは自由だけれども、この場合、筆者の意図も成功していないから困る。なぜかというと、筆者は、最後に「あのこ」が、「男」の「恋人」から「父」の無邪気な「娘」に早変わりすることを期待したのだが、少なくとも、わたしが読んだ限りでは、その変化は起こらなかった。むろん、知的な意味では、認識の変化はあったが、感覚的には、何度も「あのこ」という言葉で植えつけられた卑俗な感じが、父の娘になってからも、去らなかった。むしろ、「ばかげた親子だな」という感じさえ残った。

　こういう無理な構想を考えたために、ほかの所にも、無理を生じた。最初、マネキン人形そのものに魅せられたように書きだして、じつは魅力の源泉は「人形がまとう西洋のきもの」だとはぐらかす所がそれだ。こういう叙法は、たしかによく見かけるが、「髪の形から足の爪先まで、なだらかな曲線で構成された人形の肌は……より滑らかで魅惑的だ。」とまで言っては、いかに、「たしかに……しかし」とひっくり返すための強調法だと言っても、度がすぎる。これらの言葉から、読者は、この筆者が人形そのものにも、かなりはげしい執着を感じているのだという理解をしいられてしまう。同じことが、「男が女に感ずる愛はきものを超越するものだ」という叙述についても言える。理屈を言えば、「娘」も「女」に違いないから、こう言ったとて恋愛関係を設定したことにはならないと言えるかも知れないが、世間通用の用語法に従えば、この叙述は、はっきり「あのこ」が恋人であることを裏づけたものである。トリックが真に巧妙なトリックなら、反則をおかしてはいけないはずだ。種あかしをされてみれば、なるほど、だまされた読者の方に責任があるというのでなければ、読者は笑うことはできない。どう考えても、だました責任が筆者にあるというのでは、「トリック」という名にも価しない。つれづれ草に、「あまりに興あらんとすることは、必ずあひなきものなり。」（あまりにおもしろくしようとすると、かえって、つまらない結果になってしまうものだ）と書いてある。完全な準備をして「興あらんとする」のなら、いいのだろうが、なまはんかに引っかけようとすると、たしかにまずいことになる。

次の文章は、右のような随筆とは違って、「文化」「児童文化」を論じ、ある教育者の会の「児童文化部」のあり方を論じた議論文である。どういう順序で論が進むかを見よう。

児童文化部によせて

文化ということば程便利なことばはあまりない。そしてまた文化ということば程わからないことばもないでしょう。だから昔から文化ということばは、いろいろなところに盛んに使われ、わかったようなわからない新日本語をたくさん作り出しているようであります。世界文化・西洋文化・東洋文化・文化国家・文化日本・文化人・国民文化・婦人文化・児童文化・文化住宅・文化生活・生活文化・文化的・さては文化かまど・文化なべ……など、など。

これらのことばの中から受ける「文化」ということばの印象は原始性に対する人間的進歩性・自然に対する人為的合理性・非科学性に対する科学性・非芸術性に対する芸術性・不便に対する便利などでありましょう。つまり「文化」とは要するに人間の生活そのものをすべての点にわたって高度なものにすること、即ちだんだん原始や自然から遠ざけ、動物と人間との距離を一層大きくする働きをいうのであるように思われます。

さてこのような解釈から「児童文化」ということばの内容を考えてみると「児童の生活のすべての分野にわたって、人間的により高度なものにするいとなみを児童文化という」といったような概念的規定ができそうに思われます。もしそうだとすると我々が日常行なっている教育の内容即ち、教科指導、道徳指導、特活指導、行事指導等は、すべて児童文化の範囲にはいってしまって、「教育即文化」ということになってしまいそうであります。しかし、この研究会の中の「児童文化部」という限られた範囲でこれを考えてみますと、日常の学校教育の中ではあまり深くなし得ないが、しかし児童の生活にうるおいを与え生活に豊かさをもたらす上に非常に大切な面、即ち文学・美術・音楽・舞踊などを総合的に生活の中にとりいれられる仕方を研究し実際にこれを実践させようとする教育的場でありまして、そこに「演劇」を通しての研究活動というものが必然的に生まれてくるのではないかと思います。

そこで今更申し上げるまでのことではないことながら甚だおこがましい言い方をお許し願えるならば、この部の中にあって研究せられる先生方は児童文化部、演劇といったような、小乗的活動に止まらず、演劇を通して児童の生活そのものをより人間的に向上させ、しかもそこにうるおいと豊かさをもった新しい人間を作るという、大乗的な目標をもって、いっそう活発な研究活動をされることを期待してやまない次第であります。

四つの段階から成っている。各段落の主旨は、

(1)　一般に「文化」という語が非常に安易に使われている。

(2)　「文化」とは、人間の生活を動物から離して高度にするいとなみである。

(3)　児童文化部は、児童の生活を豊かにするために文学・芸術を生活に取り入れることを研究する組織と見受けられる。

(4)　児童文化部の働きを狭く限定せずに、児童の生活全体を高めるよう、大きな目標で研究してもらいたい。

のようにまとめられる。分析して筆者の意図をたどってみれば、起承転結にかない、りっぱな構想をもった文章だとも言えるのだが、読みながらの印象では、どうもすっきり割り切れないものがある。その理由を考えてみる。

　第一段から第二段へ移るところ、一応うまくつながっているようで、実は、うまくない。「世界文化」から「文化なべ」まで、たくさんある語例は、第一段では「わかったようでわからない新日本語」の例として出されている。すなわち、安易乱雑に作られたことばの例で、筆者はこれらの語に好感をもっていない。ところが、第二段で筆者が正しいと信ずる定義を述べるのに、より所になっているのは、「これらのことばの中から受ける『文化』ということばの印象は……」とあるとおり、第一段であげた雑多の語例が、そのまま、より所なのである。「これらのことばの中から」これだけりっぱな定義が引き出せるのなら、これらのことばは「わかったようでわからない」ことばだとは言われまい。

　第三段は、前半では、前の段を受けて児童文化を広い意味に定義し、後半では、児童文化部のねらいをすこしせばめて演劇に結びつけている。この展開は決して悪くないが、読者はこの段の中で気分的にいささか迷うであろう。「……等はすべて児童文化の範囲にはいってしまって、『教育即文化』ということになってしまいそうであります。しかし……」

という書き方には、教育者として、「文化」が、「教育」のお株をうばうのに抗議しているような口ぶりが感じられ、「しかし」で、賢明なる児童文化部のみなさんは、そんな大それた考えをもっていないとでも言い出しそうな気配である。しかし、第三段の終りまで、あとは淡々と児童文化部が「限られた範囲で」文学・芸術を取りあげ、演劇に主力を注ぐことを述べただけで、そのことをほめても、けなしてもいない。ところが第四段では、「小乗的」「大乗的」という価値感を伴った語が現われて、再び広い意味での文化活動を期待して終っている。「演劇を通して」という所では理屈は通っているものの、読者の理解は、文化や演劇の評価について右に左にゆさぶられる。

ものの評価をめぐっての議論文は、上げ潮と引き潮の関係で構成されることが多い。その潮時をよく心得た文章が説得力をもつ。緩急よろしきを得るとか、抑揚がたくみだとかいうのは、そういうことである。

文の切りつなぎ

▼長すぎる文はくぎる

おばちゃんは、天気がいいときには、朝から畑をほったり、こやしをやったり、朝早く起きて、ごはんとおかずをたいたり、寮の人のふとんや、よごれていたらはずしてやって、洗ってやったり、また、ほかに男子や女子の洋服などの洗濯したものや、ほころびたり、やぶれたりしていたら、おばちゃんの所に持って行くと、ひまのときに縫ってやったりして下さいますから、私はいつもありがたいと思います。

こんなふうに、文脈の通らない文がつぎつぎに綴《つづ》られている文章は、さぞ読みにくいことだろう。原文には、漢字も少なく、句読点もない。この文がわかりにくい主な理由は、テニヲハの使い方がメチャメチャな所がある、時の概念の表現がはっきりしない所があるなどであろうが、もっとも根本的には、ものごとの分析的表現が出来ていないために、文脈が理解しにくいということがあろう。この文を引用した長崎県北松浦《きたまつうら》郡佐々《さざ》町の「のぎく寮」の近藤益雄《こんどうえきお》さんは、次のような感想を述べている。

この人たちの文は、ともかくも羅列的であって、つなぎことばを使うことが、なかなかできない。それでいて、同じことをくりかえして書く。それで言おうとすることは、きわめて簡単なのに、まわりくどく書く。無駄だとおもうところをけずったり、つなぎことばを、さしいれてみたりすると、じつは、ほんの少しの内容しかない。

近藤さんは、こういう文の「じれったさ、やりきれなさ」を嘆きながら、なお教育の可能性を説き、身近な周囲の人たちの深い愛情と社会の正当な理解とを求めている。まことに同感であって、私も表現への彼らの意欲と努力に声援を惜しむものではない。ここでも、その懸命な態度に対して、とやかく言うつもりはない。ただここでは、文を分析的に表現することはどういうことなのかを考えてみたいと思う。

この例文の切り方つなぎ方を考えて手を入れてみよう。

おばちゃんは天気がいいときには、朝から畑をほったり、こやしをやったりシマス。マタ、イツモ、朝早く起きて、ごはんとおかずをたキマス。 寮の人のふとんガよごれていたら、はずして洗ってやリマス。 また、(九字削除) 洋服などの洗濯したものガほころびたりやぶれたりしていたら、おばちゃんハ (九字削除)、ひまのときに縫ってやったりして下さいます。 デスカラ私はいつもありがたいと思います。

最小限になおすとして、たとえばこんなふうになおしたら、よほどよくわかると思う。訂補の主眼は、文を切ることと最小限の接続詞を使うことの二点である。ほかに、テニヲハをなおし、二か所九字ずつを削除した。傍線をつけた部分は訂補を示し、また、見やすいように、文の切れる所を少しあけた。

原文には、ことがらの並列が多い。それらを全体としてまとめて、最後に、「それらの理由によって、私は、おばちゃんに対して、いつもありがたいと思っている」というのだから、全体としては単純な文章構造である。しかし、並列されることがらが単独の述語的表現の並列ではなく、

天気がいいときには、朝から——畑をほったり、こやしをやったり、

朝早く起きて——ごはんとおかずをたいたり、

寮の人のふとんや、よごれていたら——はずしてやって洗ってやったり、

というように、修飾語のついた述語的表現の並列である。そのために一層長くなって、文脈がたどりにくくなっている。まして、右の最後の例のように、誤用まで含んでいれば、文脈がわからなくなるのは当然である。

そのうえ原文では、述語部分に対する動作の主体が、かなりめまぐるしく変化する所があって、ダレがナニをするのか、文脈を追って自然にわかるというわけにはいかない。いちいち主語を言わなくてもいいという、日本語の便利なところが、論理的欠陥として、あらわになっている。このようなことについては、文のなかの構造の問題として、別の章で触れられるから略するが、ダレがナニをするのかを、一つずつ分析的に明確に表現することは、現代の一般の文章では必要なことであろう。

もちろん、文を分析的に表現するということは、つねにそこで言い切って句点を打たなければならないということではない。いわゆる連用中止法や、接続助詞による接続など、読点が打たれる表現でもよい。ただ適切な長さが、記憶の負担を軽くするために、要求さ

れるということであり、論理的に明晰《めいせき》な文章がもとめられることの多い現代では、文はあまり長くないことが望ましいというのである。

文の長さは、一般にどの程度のものがよいのか。このことについては次章で述べられるから触れないが、およそのめやすでは、新聞雑誌などの論説的な部分でも平均一七文節か一八文節前後であり、小説の地《じ》の文でも、平均一四文節前後であると言われる。もちろん、わかりやすさの問題は、単に、文の長い短いということだけではきめられない。ほかに、単語の問題や文の構造の問題もある。しかし、いずれにしてもこの原文は長すぎて、四五文節にもおよぶ。訂補した文章では、これを五文に切り、平均八文節あまりにしてある。また、接続詞は原文に一つだけあるが、訂補した文では、三つ使ってある。接続詞の使用は、かなり慎重にしないといけないが、簡単なことを、明晰に綴るためには、あまり遠慮することはないであろうと思うからである。

要するに、文の切りつなぎの面から見れば、悪文の代表の一つは長すぎる文であり、論理的な明晰さを、読み手に感じさせない文章である。

▼判決文のまずさ

つぎに、悪文のチャンピオンに登場ねがおう。それは裁判の判決文である。判決文を書くのは、いうまでもなく裁判官たちであって、裁判官は、わが国で最高の教養学識を持っている文化人に属するであろう。しかし、その裁判官たちの判決文にも、文の切りつなぎの面から見ると、優秀な悪文が多いようである。一例を引くこととする次第だが、ここに引く用例が、判決文としての悪文代表だと言うのではない。筆者が、たまたま見た数十例の判決文のなかから、そのごく一部分を引くばかりである。また筆者はその判決の内容についての専門的な知識を持つものではなく、判例としての意義にもうといが、当面の判決文の内容に対しては、むしろ好感を覚えたものが多い。たとえば、会社の定年に男女の差別をつけるのは公序良俗に反するとか、土地建物の仲介業者は、周辺の環境の開発計画をよく調べもせずに美辞をつらねて土地建物を売りつけるのはよろしくないとか、性格が全くあわない夫婦は、子供が成長していても、離婚することもやむをえないとか、いうたぐいの民事の判決である。

次の判決は、ある印刷会社の印刷機の騒音が、近所の人に生活上の苦痛を与えることがはなはだしく、判決はこれを違法であり過失であると判断し、社会生活上、耐えることのできる限度を超えていると認めたものである。

判決文には、一般に「主文」「事実」「理由」の三つの大見出しをつける。これはこれなりにまことに結構なことで、判決文全体の文章構成が明確になる。とくに「主文」は短い文だし、特殊な用語や古風な言いまわしのほかは、明晰な表現であって問題がないようである。しかし、「事実」の表現は大変なしろものと言わないわけにはいかない。

事　実

原告等は、本訴につき、「…（四九字略）…を確認する」および「…（一一〇字、二文略）…」との判決ならびに金員の支払を求める部分につき仮執行の宣言を求め、反訴につき…（二七字略）…との判決を求め、本訴の請求原因および反訴の答弁として、

(一)原告等は内縁の夫婦であって、…（九三字略）…を業としているものである。

(二)原告広瀬は、…（一六三字略）…を被告に売り渡した。したがって、…（七五字略）…した。

(三)…（一八四字、一文略）…。

(四)被告は、…（五一四字、一文略）…。すなわち、…（五二七字、一文略）…。

(五)ところで、被告は…（四三二字略）…敢て右操業を強行しているものである。

(六)以上のとおり、原告等は、…（二七七字略）…と考える。それゆえ、原告等は右賃借権の確認と右慰籍料の支払を求める。」

と述べ、

被告の主張事実に対し、

「…（四六九字、三文略）…」

と述べた。

ここまでで、「事実」のだいたい半分であるが、おどろくべきことに、初めの書き出しのところから、句点でおわる「……と述べた。」までで、じつに、二八五一字、三千字に近い一大長文をなしている。「……と述べた。」の主語は、一番はじめの「原告等」であるから、読み手は、三千字に近い長文を読むあいだ、「原告等」を念頭に置いておかなければならない。そんなことは、とても凡人のよくするところではない。そこで二回目に読むとき、私ははじめから主語を□でかこみ、述語的役割をはたす部分に══線をひいてゆき、読み終えてから、全体の文章の構成を見なおして、やっと文脈をつかむことができた。判決文には、だいたいの型があるようだが、つねに一定の型にはまっているものとは限らないらしいから、原告や被告はもちろんのこと、職業がら、慣れている弁護士その他の専門家も、おそらくは、似たようなことをして、判決文を読むのではないだろうか。あるいは、これを書いた裁判官自身にしても、自分の原稿には、ひそかに赤線など引っぱって、ダレがドウ言った、ダレがドウしたということをはっきりさせるようないたましい努力をしているのかもしれない。

さて、「事実」の後半は、次のように書かれている。

被告訴訟代理人は、本訴につき、…（二八字略）…との判決を求め、反訴につき、…（四七字略）…との判決ならびに仮執行の宣言を求め、原告主張の請求原因事実に対し、

「…（八八五字略）…」

と述べ、反訴の請求原因および本訴の答弁として、

「…（一四五〇字略）…」

と述べた。

立証として、原告等訴訟代理人は、…（六三字略）…を提出し、（六九字略）…を援用し、…（七六字略）…と述べ、被告訴訟代理人は、（六四字略）…を提出し、（五六字略）…を援用し、（九五字略）…と述べた。

以上で「事実」はおわっているが、この後半の部分も、ずいぶん長い文が二つあるだけであって、一つは二五〇〇字、一つは四七六字である。どれもみな、見られるとおり、主

語と述語とが、ずいぶん遠く離れている。論理的な文章では、なんと言っても、主語と述語とは、切っても切れない縁続きなのだから、そう遠く離してしまっては、かわいそうである。これを近づけるためには、主語の方へ述語を近づけるか、述語の方へ主語を近づけるか、どちらか一方の手段をとらなければならない。述語の方に主語を近づけるとすると、いったい「ダレが」やったのか、文章の最後まで不明になるから、推理小説の手法をとるなら別だが、判決文では、ぐあいが悪いことが多いだろう。自然、主語の方に述語を近づけることになるが、述語を前のほうに持ってくれば、そこで文が終るから、文章のはじめに、ダレがドウしたという、言わば結論的な文を置くことになる。つまり、「結論を予告する」ということになるのであって、論説の文章によくとられる手法であり、実際上、かなり有効である。

　右の「事実」を述べた文章は、要するに、

(1)　原告等は、……の宣言を求め、……の判決を求め、……と述べ、……と述べた。

(2)　被告訴訟代理人は、……の判決を求め、……の宣言を求め、……と述べ、……と述べた。

(3)　立証として、原告等訴訟代理人は、……を提出し、……を援用し、……と述べ、被告訴訟代理人は、……を提出し、……を援用し、……と述べた。

というのであって、全体としては整然として秩序立っている。――線は主語であり、述語は、その下に並列されていて、なんら混乱をはらむものとは思われない。これが何十年来の伝統であり、この秩序感が、安心感として、改革をはばんできたであろうことも、たやすく察することができる。もしも、……線の部分が十字か二十字くらいのものならば、それは、たしかに、なんの問題もないであろう。しかし前に述べたように……線の部分は、もっとも長い場合には、じつに三千字に近いものであり、そのなかが、またずいぶん長い文を組み合わせた構造を持っているのである。世にも不思議な文章を作り上げたものだと感心する。そのなかには、㈠㈡㈢とか、⑴⑵⑶とか、「　」とか、（　）とかの符号を使って、読みやすくしようとする努力は払われている。努力は払われているが、もともと、長大な文章を伝統的型式に頼って書こうとすること自体に無理があるために、とても読みづらくしてしまっていると思われる。

　判決文の多くが、ひどく長い文の集まりであるという事実をとらえて、大久保《おおくぼ》忠利《ただとし》さんは、「長文病」と名づけた。長文病をなおす方法は、いくつかあるが、もっとも一般的で効果のある方法は、大久保さんも述べているように、二つある。第一は、小見出しで、くくる方法。第二は、結論をさきに述べる方法。そのどちらの場合も、文章をなるべく短い文にくぎり、適切な接続詞を用いることは言うまでもないことだし、前にも触れた。

小見出しでくるという第一の方法は、かならずしも、小見出しをつけなければならないとは限らないが、判決文のような論説調のものの場合には、望ましいことであり、また、㈠㈡㈢、⑴⑵⑶などの符号の下に小見出しをつける併用方式をとるのもよかろうと思う。結論をさきに述べるという第二の方法は、予告によって、読み手の心構えを作ることだから、小見出しをつけることと相関関係にある。小見出しは、内容をまとめた標題であり、結論は、その内容に関する書き手の見解だから、たとえば、

　被告の答弁はつぎのとおりであった。

というのが、広い意味での結論であり、これを小見出しで出せば、

　被告の答弁

という形になる。一般に結論というのは、狭い意味で使うから、たとえば、

　証人ダレソレの証言によれば、つぎの事実を認めることができる。すなわち、……

とか、あるいは、

　結論を示せば、当裁判所は、本件土地の買主は原告であって被告ではないと判断する。その理由はつぎのとおり。

とかいうことを指す。そうすれば、その直後に、接続詞「すなわち」や指示詞「その」などを適当に使うことが、自然に、行なわれることになる。

　弁護士で元判事の千種《ちくさ》達夫《たつお》さんは、大久保忠利さんの診断に答えて、自覚的診断書をものしている。それによれば、「長文病」をはじめ、「予告なし病」「結論なかなか示されず病」など、大久保さんの診断は一々もっともで、その対症療法も、みずから、しばしば試みたが、なお一つ、判決文の持つ大病として「ていねい過ぎ病」をあげたい、としている。「ていねい過ぎ病」とは、ある控訴審の判決文が、一ページ六六〇字の本に換算して一四四一ページになり、別のある控訴審の判決文が九五三ページに及んだようなことを言う。

明治二四年五月二七日のいわゆる大津《おおつ》事件の判決が、本文わずかに五〇七字、一ページにも足りないにもかかわらず、後世史家から裁判の威信を保持したものと賞讃されているのと比べてみよ、と述べている。さらに千種さんは、「訴訟の促進をぎせいにしてまで、精細な判決文を書くことが、裁判の進化かどうか」と、局外者の診断を求めている。こういうことになると、文の接続などという表現面の問題ではなくて、裁判の基本的な技術の問題、あるいは制度・組織の問題、さらには、裁判そのものの可能性という問題などにかかわるようにも思われる。

それにもかかわらず、判決文の文の接続を明晰にし、結論をはっきりさきに述べ、小見出しもなるべく用いる、というような、表現面の細部に気を配るべき必要性は、すこしも減少しない。右の大津事件の判決文も、はじめの五分の三あまり、三三四字はまったく切れ目のない一文であって、長文病をまぬがれているわけではなく、その根の深く遠いことを思わせるものがあるからである。参考までにかかげる。

▽大津事件　（大津地裁での大審院判決）

津田　三蔵

安政元年十二月生

右三蔵ニ対スル被告事件検事総長ノ起訴ニ依リ審理ヲ遂クル処
被告三蔵ハ当時滋賀県巡査奉職ノ身ヲ顧ミス今回露西亜皇太子殿下ノ我国ニ来遊セラルルハ尋常ノ漫遊ニアラサルヘシト妄信シ私ニ不快ノ意ヲ抱キ居タル処明治二十四年五月十一日殿下滋賀県へ来遊ニ付被告三蔵ハ大津町三井寺境内ニ於テ警衛ヲ為シ其際殿下ヲ殺害セントノ意ヲ発シ時機ヲ窺ヒ居ルトコロ被告三蔵ハ嘗テ同町大字下小唐崎町ニ警衛シ居タリシニ同日午後一時五十分頃殿下カ同所ヲ通行アラセラレタルニ当リ此ノ機ヲ失セハ再ヒ此目的ヲ達スルノ時ナカルヘシト考定シ其帯剣ヲ抜キ殿下ノ頭部ヘ二回斬リツケ傷ヲ負ハセ参ラセシニ殿下ハ其難ヲ避ケントセラレシヲ被告三蔵ノ尚ホ其意ヲ遂ケント之ヲ追躡スルニ当リ他ノ支フル所トナリ其目的ヲ遂ケサリシモノト認定ス　（後略）

▼ニュース放送のわかりやすさ

テレビ・ラジオで放送されるニュースの文章は、事実を客観的に述べているという点で、判決文の「事実」の項とよく似たところがあるが、ニュースは一般に短いものであり、単純な事柄を述べるにとどまるから、直接比較するのは適当でないところもあるだろう。しかし考えてみれば、本来判決文は、裁判官がその裁判の当事者たちに言って聞かせるものであり、事柄の内容も、伝達の場面や手段も違うけれども、話し言葉を基調とする点では、同じであってよいと、私は思う。耳で聞いてわかるほどのものでなければ、判決の内容自体、どこかに明晰でないところを残すのではないかと案じられる。警察での取り調べも、法廷の弁論も、みな口頭で行なわれ、判決も、本来口頭でするものだからこそ、「言い渡す」形式をとるのであって、「書き渡す」のではないのだと思う。細部にわたって述べる必要があっても、口頭で明晰に説明するという本すじを離れてよいものではないだろう。記録として文字にとどめ、「書き渡す」ことも、実際上必要には違いないが、だからと言って難解無惨な文章をものすることはないはずであり、聞いてわからない文章でも、「書き渡す」のだから、あとでゆっくり読んで考えろというのであれば、本末顚倒《てんとう》と言わなければならないであろう。

そこで、参考として、ニュースの放送を持ち出したのだが、ここに、民間放送のラジオニュースの一日分の資料を使って、その文と文との接続の仕方を見てみよう。ラジオのニュースの文章に関する問題は、これを、判決の文章と比較して考えるとしても、文体・文章構成・用語など、それぞれにいろいろな問題がある。しかし、ここでは、問題を、文の切りつなぎに限定して、考えてみることにした。判決文と比較して、いかにうまく接続の言葉をニュースが使っているかを見て、聞かせる文章というものは、これぐらいの配慮をしないと、スラスラと耳にはいらないものだということを述べたいのである。

文化放送のある日一日中のニュースは、文を単位とすれば、一八二文であった。このうちには、一文だけで一つの事柄を報道しているもの、すなわち、一文で一文章（一事項）の構成をなすものが、一〇文あるから、文の接続を考えるときに、対象とすることのできる文は、これを除いて一七二文。事柄としては、ちょうど、五〇事項であった。つまり五〇文章で一七二文。一文章の平均が三・四文強、約三文ということになる。その一文ごとにも、そう長大なものはないから、ラジオニュースの一文章（一事項）は、かなり短いものだということになる。

そこで、これらの文の接続の方法を見ると、

(1)　指示詞・接続詞によるもの

(2)　前文のなかの語句をくりかえすもの

が、ほとんど全部と言っていいぐらいに多い。しかも、一文が短いのだから、耳で聞いてわからないということは、まず、ない。こまかい部分については、いろいろ問題があるが、判決文の難解なのとは、まさに、雲泥の差がある。たとえば、

参議院自由民主党は、あたらしい役員について、党内各派の意見が一致しないまま、きょう午後一時四〇分、院内で特別議員総会を再開しました。この席上、N議員会長から、後任の会長に、Y氏を推せんしました。そして出席した議員もこれを了承しました。ついで、新しく選ばれたY会長から、幹事長にI氏が指名され、総会もこれを了承しました。なお、政策審議会長や国会対策委員長などは、Y会長が今後各派の意向をきいて、あらためて議員総会にはかることになりました。

これを判決文らしく書きなおしてみると、たとえば、こんなふうになろうかと思われる。

参議院自由民主党は、新役員につき、党内各派の意見不一致のまま、きょう午後一時四〇分、院内において、特別議員総会を再開し、席上、N議員会長より、後任会長に、Y氏を推せんし、出席議員もこれを了承し、新任Y会長より、幹事長にI氏が指名され、総会もこれを了承したが、政策審議会長・国会対策委員長等は、Y会長が今後各派の意向をきき、あらためて議員総会にはかることとなった。

原文の五文を、全部続けて一文としてしまったほか、傍線の部分について、しかつめらしく書きなおしたのであるが、もし、これをラジオで流したとしたら、おそらく、聞く人はほとんどまったく、まとまった印象を受けることは出来ないだろう。判決文は、たとえば、こんなふうな文の連続だと言いたくなるほどのものが多いのである。同じ一つの事柄が、表現の仕方ひとつで、むずかしくも、やさしくもなる。判決文も、もっとやさしく出来るはずのものだと思う。

ニュースの文の接続の言葉を例示すれば、次のようなものがある。

いっぽう　以上のように　こうした　こうして　このあと　この結果　このため　このように　このような　これで　これに対して　これについて　これには　しかし　しかも　したがって　そして　それ以来　それによりますと　ついで　つぎのように　とくに　なお　まず　また

これらの接続の言葉は、文法的には接続詞ばかりではなく、指示詞・副詞と言われているものもあるし、それらに助詞・助動詞その他の語のついたものもある。このほか、前文を「この」で受けて、その前文全体、またはその一部を指示して続ける場合が、かなり多く、二〇例をかぞえた。「この」以外は、右に列挙したもので、この資料にあらわれたものを尽している。その数は、「なお」一五例、「そして」一三例、「このように」一一例(もしこれを前記「この」に含めてしまえば、「この」の用例は三二例になる)、「次のように」九例、「また」七例、「これで」四例、「このあと」三例(これをも「この」に含めれば、「この」の用例は三四例になる)、「まず」「これに対して」「こうして」各二例、となっていて、他の語は、すべて一例ずつである。

要するに、よく使われる接続の言葉は、「この」が断然多く、「なお」「そして」がこれにつぎ、あとの言葉を指示して、結論を予告するタイプの「つぎのように」が、これについでよく用いられ、「つぎのように」のあとに置かれる引用文を受けて「このように」もよく用いられている、ということがわかる。だいたい、これらは、いわゆる順接の接続関係を示すものであって、これによって時間の流れのうえに、わずかながら〝間《ま》〟をおく効果をもねらうものであり、ニュースの文章が、事柄を単純に並べる叙述法によっていることもわかる。

ニュースの文章にも、改善しなければならない点は多い。特に、時間に制約されて十分文章を整える余裕のないときとか、ローカルニュースのやや気軽な調子のときなどには、どうかと思う表現もあらわれやすい。しかし、これによってみても、かなり、聞きやすくする努力を払っていることが認められる。判決文の「事実」の項は、特にニュースの文章を参考にする必要がありはしないかと思われるわけである。

▼すぎたるは及ばざるがごとし

文章のなかで、文の接続関係をはっきりさせるためには、文章を適当な長さの文に切ることと、適切な接続詞を用いることの二つが特に大切だ、と述べてきた。しかし、すぎたるは及ばざるがごとしと言うように、その「適当に切る」「適切に使う」などという「適当」「適切」の実質が問題で、なかなかむずかしい。

次の例文は、不適当に切ってしまったものである。

　これは、（参議院議員選挙が）農村では田植という農繁期と重なったのに、参議院の性格がはっきりせず、身近に感じない。また、地方選挙で〝選挙づかれ〟などが、その原因だろうと自治省では見ている。（新聞）

これは、ある年の参議院選挙に対して農村の関心が薄かったことを述べた新聞の文章の一部である。傍線をつけたように、冒頭の「これは」は「……などが、その原因だろう」

までかかっている。つまり、主題「これは」に対する解題は「……などが、その原因だろう」であって、全体で一文となるはずのものである。だのに、その途中に「……身近に感じない。」という文の終止がある。これはまずい。事柄二つを例示しているのだから、二つの原因としての事柄を、はっきり並列的に示さなければ、前後の文脈が整わない。たとえば、こうなおしたらどうだろう。

　農村では、(参議院議員選挙が)田植という農繁期と重なったうえ、参議院の性格がはっきりせず、身近に感じなかった。また、地方選挙で〝選挙づかれ〟していた。これらが、その原因だろうと自治省では見ている。

しいて、「これは」から「……などが、その原因だろう」までを続けてゆく努力をするよりは、このように切ってゆくほうが、よりはっきりすると思われる。二つの原因を一つずつの文として並列し、最後に、「これらが、その原因だろう」と、まとめるのである。もし、二つの原因が、一つずつの文として、長いものになるならば、

　その原因は、次のようなものだろうと自治省では見ている。一つは、……。一つは、

……。

とでもするがいいと思われる。

次の例文は、不適切な接続詞を用いていると思われるものである。

島の子どもたちは、考えることは、ニガ手なのです。しかし、けんかひとつしたこともないほど仲がよいのに、その仲間の協力を、学習の方に生かそうとはしなかったのです。（新聞）

この「しかし」は、まったく不用なものであると思われるばかりでなく、この「しかし」があるために、いちじるしく文章をわかりにくいものとしている。この「しかし」を削除して、そのままの原文とすれば、それで十分意味が通じる。接続詞は慎重に用いなければならない。

▼歯切れのよい文章

ここに、文の接続の妙味を示すものとして、鷗外《おうがい》の文章の一節をあげよう。

十九になった。

七月に大学を卒業した。表向の年齢を見て、二十《はたち》になったばかりで学士になるとは珍らしいと人が云った。実は二十にもなってはいなかった。とうとう女というものを知らずに卒業した。これは確に古賀と児島とのお蔭である。そして児島だけは、僕より年は上であったが、矢張女を知らなかったらしい。

その当座宴会がむやみにある。上野の松源という料理屋がその頃盛であった。そこへ卒業生一同で教授を請待した。数寄屋町、同朋町の芸者やお酌が大勢来た。宴会で芸者を見たのはこれが始である。今でも学生が卒業する度に謝恩会ということがある。しかし今からあの時の事を思って見ると、客も芸者も、風が変っている。今は学士になると、別に優遇はせられないまでも、ひどく粗末にもせられないようだ。あの頃は僕なんぞをば、芸者がまるで人間とは思っていなかった。

あの晩の松源の宴会は、はっきりと僕の記憶に残っている。床の間の前に並んでいる教授がたの処へ、卒業生が交る交るお杯を頂戴しに行く。教授の中には、わざと卒業生の前へ来て胡座をかいて話をする人もある。席は大分入り乱れて来た。僕はぼんやりしてすわっていると、左の方から僕の鼻の先へ杯を出したものがある。

「あなた。」

芸者の声である。

「うむ。」

僕は杯を取ろうとした。杯を持った芸者の手はひょいと引込んだ。

「あなたじゃあ有りませんよ。」

（ヰタ・セクスアリス）

文章の歯切れのよさとは、たとえば、こういう文章の持ちあじだと言ってよいのではなかろうか。接続詞がどうの、指示詞がどうのと言うことさえ、野暮なようなものだが、接続詞は、これだけの文章で二つ（「そして」「しかし」）、指示詞が四つ（「その」、「あの」三回）だけである。そのほか、語としては、副詞「とうとう」「実は」などが、文の接続の直接的な役割をはたしているけれども、そういう外形以外に、文と文との、それ自体の意味関係によって、続けていく。そこに歯切れのよさが生まれる。切るということが、そのまま、続けることを意味するような、そんな続け方が、文章の歯切れのよさを生む。文の接続の本当の意味は、こんな所にあろうと思われる。

名文の条件はいくつもある。このような文の切れあじというものは、もちろん、その一つの条件にすぎない。旋盤の刃さきのようにするどい感覚とか、かすかにふるえるまつ毛のようなこまやかさとか、ロダンの彫刻のような気骨のある強さとか、いろいろな情感を表現することができるのも、単に、歯切れのよいことばかりによるのではない。ただ、ここでは、「文の切れつづき」の微妙な一面に、このような歯切れのよさがあり、それをささえるのは、文の内的な接続の深み、であることを言いたかったのだが、それに、もう一つの側面として、〝文章の音感〟ということのできるような、一種の律動があることをつけ加えておきたい。

〝文章の音感〟というのは、いわゆる美文調や、伝統的五七調・七五調などを言うのではない。それに、よく言われるとおり、文章の律動感に酔って表現内容を貧弱にしてしまうことは、十分警戒しなければならない。けれども一方、文章の音感を持たない名文はない、と言っても言いすぎではないであろう。文の長短・構造の繁簡など、適宜に織りまぜたいろどりがなければ、文章という織物を、光彩あるものとすることはできにくい。一つ一つの文そのものが持っている律動と、それらの連続が生みだす文章としての律動と、その二つが、ここに言う〝文章の音感〟をつくり出す。例をあげよう。

人の世を作ったものは神でもなければ鬼でもない。やはり向う三軒両隣にちらちらするただの人である。ただの人が作った人の世が住みにくいからとて、越す国はあるまい。あれば人でなしの国へ行くばかりだ。人でなしの国は人の世よりもなお住みにくかろう。

越す事のならぬ世が住みにくければ、住みにくい所をどれほどか、くつろげて、つかのまの命を、つかのまでも住みよくせねばならぬ。ここに詩人という天職ができて、ここに画家という使命がくだる。あらゆる芸術の士は人の世をのどかにし、人の心をゆたかにするが故に尊い。

（草枕）

名文の例として、この漱石《そうせき》の『草枕』のはじめのほうの一部分を示すことは、必ずしも、無条件に許されはしない。これは、小説の一部であり、心情の叙述であるばかりでなく、近代日本の代表的作家の一人である漱石が、ずいぶん考えをめぐらせ、練りに練ったすえの文章なのだから、われわれの日常の普通の文章とは、目的もちがうし相手もちがう。心くばりの程度もちがうし、筆力もちがうだろう。場ちがいな名文ではないとも言える。

ただ、私は、まえに鷗外の文の切れつづきの妙味を例示したように、ここに、文章の持つ音感というものの一例を示したいと思うにすぎない。『草枕』の一番はじめは、学校の

教科書などでもおなじみのように、

> 山路を登りながら、こう考えた。
> 智に働けば角が立つ。情に棹させば流される。意地を通せば窮屈だ。とかくに人の世は住みにくい。住みにくさが高じると、安い所へ引越したくなる。どこへ越しても住みにくいと悟った時、詩が生まれて、画ができる。

というのであって、表現の妙に満ちているが、ここでも、音感は、文章をおおい、文章からあふれ出て、文と文とのあいだを流れるほどに感じられる。まえの文章は、これにつづく部分であって、やや、文も長くなり、構造も複雑なものがあるが、いずれにしても、同じ語句のくりかえし部分を入れるなどの効果を生かして、文章の音感を発揮させているものと言える。

　歯切れのよさ、文章の切れあじ、というものは、文の切れつづきの意味上の深みとともに、文章の音感によって生まれるのであろうと思う。

文の途中での切り方

▼中止法のいろいろ

地上には自動車が走り、空には飛行機が飛ぶ。

山は青く、水はすんでいる。

からだがじょうぶで、頭もよい。

のように、文をいったん、中止しながら続けていくことがある。右の例は、動詞・形容詞・形容動詞の連用形を用いているが、次のようなものも、文の中止的用法と広く考えておく。

(1)　「名詞＋助動詞」をこれにふくめる。

〔例〕ぼくは一郎で、君は二郎だ。

(2) 動詞・形容詞の場合は、連用形に助詞「て」のついたものをふくめる。

〔例〕結んで、開いて、手を打って………
　　おとなしくて、利口な犬

そして、便宜上、「結んで」「おとなしくて」のようなものを、「テ付き中止」、「結び」「おとなしく」のようなものは「ハダカ中止」と呼んで区別することにする。

(3) 動詞に助動詞のくっついたものの中止法を、動詞中止法の中にふくめる。

〔例〕山に行かせ、木を切らせる。
　　油をつけまして、こすります。

(4) 中止の働きと修飾の働きの限界がはっきりしないこともあるので、形式的に中止した修飾法も、ある程度ふくめる。

〔例〕寒くて、大へん困った。

(5) 働きが似ていて、取りかえがきく場合も多いので、用言に接続助詞のついたものを一緒に取り上げることもある。

〔例〕風が吹いたので花が散った。

中止か終止か？　ということを前面におし出す場合には、こういうものも中止法の中に入れて考えることが出来る。

▼長い文は読みにくいか

中止法の使われている文は、一般に長い文である。なぜなら、中止法は、終止形で文を切ってしまうかわりに、一度中途で止めて、さらに文を続けるのが、その働きだからである。たとえば、「風が吹く。そして、花が散る。」という二つの文は、終止形「吹く」を連用形「吹き」にかえて連用中止法にすることによって「風が吹き、花が散る。」という一つながりの文になる。このようにして、中止法を使って、どんどんつぎたしていけば、いくらでも文を長くすることが出来るのである。

それでは、中止法を使って長く綴《つづ》った文は、読みにくい文であろうか。――このことを考えてみるために、現安保条約の前文をあげてみよう。

日本国及びアメリカ合衆国は、

両国の間に伝統的に存在する平和及び友好の関係を強化し、並びに民主主義の諸原則、個人の自由及び法の支配を擁護することを希望し、

また、両国の間の一層緊密な経済的協力を促進し、並びにそれぞれの国における経

済的安定及び福祉の条件を助長することを希望し、
国際連合憲章の目的及び原則に対する信念並びにすべての国民及びすべての政府とともに平和のうちに生きようとする願望を再確認し、
両国が国際連合憲章に定める個別的又は集団的自衛の固有の権利を有していることを確認し、
両国が極東における国際の平和及び安全の維持に共通の関心を有することを考慮し、
相互協力及び安全保障条約を締結することを決意し、
　よって、次のとおり協定する。

　この文は、「希望し」「確認し」「決意し」などを終止形にすれば、七つの短い文に分けることが出来る。このことは、旧条約の前文が、短文に切ってあるのとくらべると、はっきりする。旧条約の前文全体をあげることはさけるが、最後の所だけあげてみる。

　……直接及び間接の侵略に対する自国の防衛のため漸増的に自ら責任を負うことを期待する。よって、両国は、次のとおり協定した。

現条約前文には、読む人に抵抗を感じさせたり、誤解を招いたりしやすい箇所がある。抵抗を感じさせるのは、条文二・四行目の「並びに」である。この接続詞は、ふつうは、六行目の場合のように名詞と名詞を結ぶのに使われるもので、二行目・四行目の場合のように動詞を結ぶのに使われるものではないからである。そして、誤解を生じやすいのも、やはりその箇所である。つまり、「……強化し」と「……促進し」とはそれぞれ「……擁護する」及び「……助長する」と対置されているのであるが、それらが「……希望し」と対置されているようにとられる恐れがあるのである。

しかしながら、この文は、法律文としては、別に変わった書き方ではないようである。というのは、法律文では、動詞と動詞を結びつけるのに「並びに」を使うことは異常でなく、また、ここでそれを使ったことによって、「……強化し」や「……促進し」が「……希望し」と対になるのでなく、「……擁護する」や「……助長する」と対になるのだということを示しているのである。

しかしながら、これは、法律という専門の分野においてのみ言えることで、ふつうの現代日本語の文章として考えるならば、標準的でない。この文章からは、法律の専門家でない、ふつうの日本人に読みやすくしようという努力は感じられない。この文章は、日本語の文章として悪文であると言えよう。

さて、ここに現安保条約の前文を取り上げたのは、連用中止法で長く綴った文は読みにくいか?ということを考えるためであった。そういう観点に立つと、この文は、読みにくい文ではない。というのは、これが長くなっているのは、「……希望し」「……希望し」「……再確認し」「……確認し」「……考慮し」「……決意し」などの所で、文が切れていないことによるものであり、そのことは、別に読みにくさの原因になっていないからである。

このように見るならば、中止法が読みにくさを引き起こすことがあるのは、文が長くなることによるのではなく、もっと別な原因によるものであると言えよう。

▼「そうして結合」をつないだ文

新聞記事の文章は、文が長いという特徴を持っている。そして文が長くなることの原因の一つは、中止法を用いることにある。報道文の中止法の特徴について、波《は》多《た》野《の》完治《かんじ》氏は次のようにのべている。

中止法によって本来「そうして結合」"Und"Verbindungen にしなければならぬ筈の単純な文章が一つの長文にまとめられる。そのことによって主語が兼用され、文章に節約の余地が出来てくる。これは又事件の間髪を入れない展開を示すのにも都合が

よい。（『現代文章心理学』新潮社、二八〇ページ）

そして、氏は、これが歴史的叙述の文章と通じるとして、次のような例をあげている。

一七四二年十一月十九日、国民公会はフランス民衆の名において自由を回復せんとする諸国民に対し援助と友愛を齎らすべきことを宣言し、この月の初めからの攻勢移転によってフランス軍はベルギー、サヴォイ、ニースに進撃し、シュパイエル、ウォルムス、マインツ等のドイツ各地を占領し、かくてリシュリュー以来の希望である「自然的国境」を獲得したが、十二月中旬、国民公会は征服地が革命の原理を遵守する限り、人民を保護することを宣言し、征服地の貴族僧侶など特権階級の財産の没収を行った。（西海太郎『フランス現代史』学芸書房）

このように、「そうして結合」（「——。そして、——。そして、——。……」とつながっていく文章）をまとめた文の場合は、中止法をいくらつらねていっても、読みにくくならないのである。さきにあげた新安保条約前文のあとの方が読みにくくないのも、そのためである。

しかし、このような、「そうして結合」の代わりに用いる中止法も、場合によっては、読みにくいものになることがある。次の文の場合、「予防し」が多少ギコチナサを感じさせる。

××××は悪性感冒によく効き、肺炎を予防し、肺炎の場合も極めて短時日に症状をとりますから確実で安心できます。（新聞広告）

この文も、「そうして結合」を一つにまとめたものではあるが、この場合の中止の働きは、よく見ると、歴史的文章の場合と違っている。というのは、歴史的文章の場合、中止法の積み重ねによって事件の推移を表わしているのに対し、これは事柄を並列しているのである。一般に並列の中止は「花咲き、鳥歌う」や「天高く馬肥ゆる」のように対句になったものでないと、推移の場合ほどはスラスラと読めない。

神経痛・リウマチに×××××を一～二錠おのみになれば、痛みやハレに直接働いて、副作用がなく、すぐれた効きめを現わします。（新聞広告）

中止の最も基本的な用法は、推移・連続である。だから、並列の場合、並列のつもりで書いても、読む方は、（とくにスラスラと読んだような時には）推移として受け取る可能性がある。さきの新安保条約前文で「並びに」が使われているのも、そういうことに対する予防策であろう。

連用形による中止法をこえ、一般の中止法にまでわくをひろげてのべるならば、時間や因果の系列が一つの直線をなしているような文では、長いことは大した問題ではないが、屈折の多い内容を一つの文にまとめあげたようなものは、長くなると、かなり理解しにくい。

外務省は恒例の外交青書を発表した。青書は、日本人としては何よりもまず人間の自由と尊厳とをまもる決意をもち、これが失われた世界は、たとえ戦争のない世界であっても、真の平和な世界とは認められないから日本は自由主義陣営の一員としての立場を堅持しながら、共産主義諸外国とも、善隣友交を推進するという外交の基調を明らかにしている。（新聞）

▼連用形による中止法

「そうして結合」代行用法にも二種あることを述べたが、連用形による中止法の用法は、それだけではない。ここに、そのおもなものを並べてみよう。

（A）動作・作用の推移・連続

a 結んで、開いて、手を打って、……

（B）並　列

b この服用で食欲が進み、痛みもとれ、美肌となります。

c 口臭がひどく、虫歯ができやすい。

d おもしろくて、ためになる雑誌。

（C）原因・理由

e 雨が降って、地が固まる。

f 甘くてのみよいトランキライザー。

（D）方法・手段

g 動物を使って実験する。

（E）逆　接

h　知っていて、知らないふりをする。

i　軽いカゼだといって、油断は大敵です。

このように、ざっと五つの用法がある。このほか、この章にはいらない修飾の用法もある。一つの形でこれだけの用法があるということは、書く者にとっては、非常に便利な用法だということができる。たとえば、「見たのでわかった」も「見たのに知らぬ顔をしている」も、ともに「見て」ですませるというのは、非常に便利である。

しかし、この、書く方にとって便利だということ、そのことが、読む方にとって不便なことの原因になる。と言うのは、一つの形を見て、どの意味に使ってあるのかを読みとらなければならないからである。「見たのでわかった」の場合なら、「見たので」まで読んだだけで原因だとわかるのに、「見てわかった」の場合には、「見て」まで読んでも、推移か、並列か、原因か、方法か、逆接か、わからないのである。そのことは、読み手の負担がふえることであり、また場合によっては、読み誤りを起こす原因にもなる。さきに、並列が推移に読まれるおそれのあることを述べたが、それも、この例である。もうすこしあげよう。

わたしはおなかが弱く、よく熱を出します。（小学生の作文）

これは、おなかが弱いことと、熱を出すことが対等に並べられているのか、弱いことが原因なのか、よくわからない。前後の関係から、どうやら並列らしい。

ゆだんしていて、気がつかないことがよくあります。（中学生の作文）

これは、ゆだんしていたために気がつかない（＝原因）のか、ゆだんしているにもかかわらず、その、ゆだんしているということに気がつかない（＝逆接）のかわからない。

私は、毎日、午前と午後の交代の時間に松山さんと顔をあわしていて、松山さんの病気がそんなに進行していたのに気がつかなかったのです。（職場の新聞）

これは二様にとれる。ひとつにきめるためには「顔をあわしていたのに」か「顔をあわしていたので」のどちらかにしたほうがよい。「のに」ならば「毎日顔をあわしていれば気づくはずなのに」という感情がこめられ、「ので」ならば、「毎日はたらいているのだから、当然元気だとおもうはずだ」という感情がこめられる。

連用形による中止には、形の上で、助詞「て」を伴う「テ付き中止」と、伴わない「ハダカ中止」に分けられる。この使い分けは、明確ではないが、傾向としては、二つをあげることができる。

(1)　さきにあげた五種類の用法のうち、(A)〜(B)は、ハダカが比較的多く、(C)〜(E)はテ付きが比較的多い。

(2)　ハダカのほうが古くさく、テ付きの方が新しく感じられる。テ付きの方が口語的である。

次のようなものは、いずれも、テ付きにしたほうが、新しい文章に感じられるだろう。

××××シャンプーは、石鹼とちがい、毛あなをふさぎ、髪を傷める石鹼カスができませんから……（新聞広告）

あなたが働いているときも、たえず呼吸しつづけるヒフには、よごれや汗やあぶら

がたまり、ヒフのはたらきをにぶらせてしまいます。(新聞広告)

　絶対に出すぎしないカンづめで、つめかえ長く使えます。(新聞広告)

中止法は、その働きも豊富であり、また、途中でちょっと止めておいて、次へ運べるので、非常に使いやすい。従って安易な使い方をされることがある。安易な使い方の一つは、文章を書く態度が安易なために、使いやすい中止法が使われる、といったようなものである。これは、中止法の使い方がまずいというよりは、むしろ全体の調子が低いといったふうな感じのものである。

　冬を迎え、もっともっと栄養を補い体に抵抗力をつけまず病気を克服しましょう。(新聞広告)

　あれ肌は小ジワ、シミ、タルミ、ヒフの老化の原因になり、お化粧のりが悪く、あれ肌は、油断できません。(新聞広告)

　睡眠障碍、特に神経性不眠には作用が速く、しかも睡眠が正常時間持続する副作用もなく習慣性とならない上に目覚め後の極めて短時日に症状をとりますから確実で安心できます。(新聞広告)

安易な使い方のもう一つは、読み手の理解の仕方を考えない、因果関係の結びつけである。

　ぼくの家は、材木屋の道が三角形で一番近い。（中学生の作文）

これは、その道が斜めになっていて、三角形の一辺は他の二辺の和よりも短いという法則によって一番近い、という意味であろう。これは中止法という形式の問題であるよりは、むしろ内容の問題であるが、やはり、こういう形で表現される点は注目に値する。こういう、ひとり合点の因果関係の結びつけは、次の文章のように、原因を示す接続助詞「から」をそなえていても、なおかつ理解しにくいのであるから、表現の仕方はむずかしいものである。

　菊作りほど名人の多いものはありません。それというのも古くから栽培が普及した反面、いつの間にか、育ちぶりに格式張った定めのようなものができたこととそれに適した栽培が実際になかなかむずかしいからでしょう。その点切花栽培の地植えの大輪菊作りはむずかしいことを言っていては手間がかかって商売にならないからきわめて実用的で、初歩の家庭で応用するには持って来いです。(単行本)

▼句読法

中止法は、述べかけたことを途中で止めておいて、次のことをまた述べていく方法である。そして、このいったん止めたことの続きを、またあとで展開することがある。そうした場合、その続きが展開し始めるのは、どこであるかということが問題になる。また、その前に止めたのを、止めっぱなしにするのか、さらに展開するのかということが問題になる。こうしたかかり方の点で、中止法はあいまいになることがある。たとえば

彼女は目を輝かせて話し続ける彼をみつめていた。

という場合、目を光らせたのは彼女か彼かわからない。もし「輝かせて」と「話し続ける」が続けられているのなら、彼が光らせたのであり、「輝かせて」と「みつめていた」とが続けられているのなら、彼女が光らせたことになる。この例ほどあいまいなものは少ないが、さっと読んで勘違いをしたり、「おや!」と思って読み直したりすることが、

往々にしてある。そういうことをさせる文章は、あまり能率のよい文章とは言えないだろう。

　この協力の欠除のために、ことがうまく運ばず、よく調整のとれている共産主義陣営に比べて、資本主義体制全体が弱体化しているという事態を克服する必要があるからである。（雑誌）

「ことがうまく運ばない」のは資本主義陣営なのであるが、「資本主義体制」という語がだいぶあとになるので、初め「うまく運ばず――調整のとれている」のようにとれ、読みなおしが必要となる。なお、「欠除」は「欠如」がただしい。

次の三つの文は、同じ形をしているが、連用中止形のつながり方は、同じではない。これらのつながり方は、意味にたよらなければならない。

　××××シャンプーは石鹸とちがい、毛あなをふさぎ、髪を傷める石鹸カスができません。（新聞広告）

　×××錠には純度の高い女性ホルモンと、肝臓を強くし、お肌を汚す毒素を除く×

×××がふくまれています。（新聞広告）

葉鶏頭、松葉牡丹のようにごく細かい種子は種子の量の五十倍から百倍ほどの乾いた砂や土を混ぜて地ごしらえをした場所へ一面にばらまいたり、集団的にばらまいて、〝ほうき〟などでかきならしておきます。（単行本）

これらのつながり方を図示すると、次のようになる。

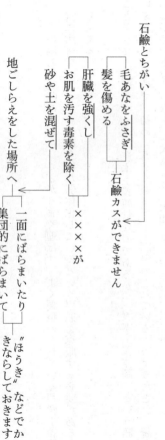

石鹸とちがい
毛あなをふさぎ
髪を傷める
石鹸カスができません
肝臓を強くし
お肌を汚す毒素を除く
×××が
砂や土を混ぜて
地ごしらえをした場所へ
一面にばらまいたり
集団的にばらまいて
〝ほうき〟などでかきならしておきます

このように、連用中止法は、そのつながり方においても、形よりも意味にたよらなければならないので、読み手の負担は大きい。

連用中止法のつながり方のあいまいさは、句読点の打ち方によってある程度救うことができる。たとえば、つながり方の所で最初にあげた「目を輝かせて」の例は、次のようにすることによって、二つを区別することができる。

彼女は目を輝かせて、話し続ける彼を見つめていた。(彼女が目を輝かせた)

彼女は、目を輝かせて話し続ける彼を見つめていた。(彼が目を輝かせた)

こういう直し方は、根本的に文章を改造することにはならないが、それでも、よほど読みやすくなるのである。さきにあげたシャンプーの文ならば、「毛あなをふさぎ」のあとの読点を除くことによって、また、「種子まき」の文ならば、「混ぜて」のあとに読点をつけることによって、文章はもっと読みやすくなるであろう。要するに、連用形による中止法には、あいまいさの要素があるのであるから、これを使う場合には、その要素が表面に出てこないように工夫しなければならない。

　連用形による中止に限らず、中止法は文を中途で止める用法である。従って、ここには切れ目があり、原則として句読点が必要である。しかし、実際の文章には、そのあたりのことが意識されていないものが多い。特に注意を要することは、書き手の書く勢いの切れ目と、読み手の読みやすさの切れ目とが食い違うことである。たとえば、書き手が無意識に、ただ書く勢いにまかせて打つと、(1)のような所に読点がうたれる傾向がある。それに対して、読みやすいのは、(2)のような所に点がある場合である。

(1)　ＡがａになるとＢが、ｂになる。

(2)　Ａがａになると、Ｂがｂになる。

(1)式の実例を示そう。

　内服しない抗菌物質ですからアレルギーの心配も、刺戟もカブレもありません。

(新聞広告)

文の中止という観点から見ると、句読点の場所が適当でないものが多い。

　米価算定の基礎的な条件がはっきりしているようで、実はあいまいなため毎年のように結局政治米価になってしまうのがならわしである。（新聞）

　これなども、文の中止という点では、「はっきりしているようで」のあとよりも「あいまいなため」のあとの方が大きな中止である。

読点の最大の役割は、文の中止を形式に表わすことである。この役割の認識の仕方が、この種の悪文と関係していることは明らかである。

▼接続助詞の「が」

　長い文を作る原因になるものに、接続助詞の「が」がある。新聞などには、これが非常に多く、連用形による中止法と並んで、文を長くするのに貢献している。これが一般の中止法と異なるところは、後者が「間髪を入れない展開」（波多野）に適しているのに対し、前者は、一度ストップしてから再出発するような感じを与えることである。それは、連用形による中止法が、事件の推移を基本的用法とするのに対し、「が」による中止は、逆接用法を基本的とするからである。

しかし、接続助詞の「が」の用法は、逆接法だけではない。「現代語の助詞・助動詞」(国立国語研究所報告3)によれば、「が」には四つの用法がある。

(1) 二つの事柄を並べあげる際の、つなぎの役目をする。共存または時間的推移。

〔例〕そののち、実験の分野においても、中間子の研究が世界の主流となり、いろいろの重要な結果があいついで報告されたが、そのうちに再び理論と実験の間に大きな矛盾が芽ばえてきたのである。

(2) 題目・場面などを持ち出し、その題目についての、またその場面における事柄の叙述に接続する。そのほか、種々の前おきを表現するに用いる。

〔例〕次に農地の耕作のことですが、これも七年前とは事情が違っていますので、農地の返還を受けるのには農地委員会の承認が必要です。

(3) 補充的説明の添加

〔例〕……吹雪や風塵——これは関東地方で春のはじめによく起るものであるが——も電荷をもつ微粒子が運動するものだから……

(4) 内容の衝突する事柄を対比的に結びつけ、前件に拘束されずに後件が存在するこ

とを表わす。（既定の逆説条件）

〔例〕早めし早何とかという教えの下に育った私であるが、できるだけゆっくりと噛みしめる。

以上のように、この「が」はいろいろに用いられるのであるが、いずれの場合にも、前件と後件との関係を表面にはっきり打ち出していない、という点で共通である。「彼は勉強したが、落第した」というのは、「彼は勉強したのに、落第した」というのと違うし、「彼は勉強したが、合格した」というのは、「彼は勉強したので、合格した」というのと違う。こういう「が」の特徴を、清《し》水《みず》幾《いく》太《た》郎《ろう》氏は、「『が』は、こうした無規定的直接性をその通り表現するのに役立つのである」（岩波新書『論文の書き方』五四ページ）と言っている。そして、これを他の接続助詞と比較して、次のように述べている。

「ので」や「それゆえに」、「のに」や「それにも拘らず」というゴツゴツした言葉を用いた文章の方が、後で記憶に残りもするし、読んでいる時も、一句一句が逃げない。滑らない。「が」で繋いだ文章はツルツルと読者の心に入って来て、同時に、ツルツルと出て行ってしまうものらしい。しかし、これは当然の成行であって、「が」

だけを使って書いたのでは、事件も問題も立体的な構造を持つことが出来ないのである。万事が曖昧な流れに融けてしまうのである。（『論文の書き方』六〇ページ）

このように、スラスラと書かれた文章が、ゴツゴツした文章よりも記憶に残りにくく、ツルツルと出ていくものならば、スラスラと書かれた文章の方が、悪文だということになる。事実、新聞の社説などには、この種の悪文が多く見かけられるのである。次に例をあげよう。

キューバの問題は、やがて国連でとりあげられようが、この問題にはキューバ人自身が決定すべき多くの要素が含まれている。

安保理は、この問題を取り上げて、紛争解決の糸口をさがし出すことが最も望ましいが、少なくとも事態をできるだけ早く落ちつかせてほしいと思う。

世界経済の大勢が繁栄し、日本経済も大して問題がないとすれば、これに過ぎる喜びはないわけであるが、それは概観としてのことであって、詳しくみれば、世界経済には大きな問題点がはらまれているし、それがひいては直接間接、日本経済のやがて直面しなければならない深い悩みともなるわけである。

こうした社説の文章を読んだあとでは、結局文末だけが記憶に残って、「……が」の部分はあまり残らないものである。しかも、ふつう、理想とか目的とかに関するものは「……が」の部分に書かれているのであるから、その効果から見れば、社説は、理想を捨てて、目先のことだけを追いかけていることになるであろう。

▼悪文としての中止法

以上に見てきたように、連用形や接続助詞「が」によって文を中途で止める形式は、非常に広い用法を持っている。そして、その、少ない形式で種々の関係を表わしうる所に、あいまいさの源がある。そういう意味で、こういう中止文は、読み手に大きな負担をかけるものである。

しかしながら、もし、読み手が、そのあいまいさを、あいまいなままで受け取るならば、それは表面的に関係を追求されないだけに、非常に楽に読める文章である。そして、もし、そのように楽に読んでしまったら、そこから何も得られない文章である。

こうした文章は読みにくい文章ではない場合が多い。しかし時に読み誤りを生じ、また、頭からぬけやすい文章である。そして、つっこんで読み探ると、意味がわからなくなることがある。こういう所が、連用形や「が」による中止の、悪文としての特徴である。

文の筋を通す

▼首尾が整っていない

文には主語と述語があると言われる。主語や述語の定義はむずかしいが、ここでは非常に広く解釈して、そこで問題になっている事柄や物が主語で、その動作や作用、または性質・関係などを示す部分が述語ということにする。文法で言う主語・述語のほかに、主題やそれに対する結びをも広い意味で含める。なお、主語・述語と言っても、語だけでなく、もっと長いものも含む。

ところで、この主語と、それに対する述語がきちんと照応していないことがある。そしてそれには、いろいろの種類がある。

述語がない

論理的正確さを要求される文であれば、もちろん主語があった方がいいが、日本語では、主語がなくてもわかる場合が多いから、主語が欠けていても、必ずしも悪文ということにはならない。

しかし、述語の方が欠けているのは、良文の資格に欠けていると考えていい。もちろん、「ぼくが行くんだよ」「わたしもよ」では、「わたしも行くわよ」の傍線の述語が省略されているが、このようなものは、略してもかまわない。なくても十分わかるからである。と言っても、なくてもわかるかどうかには、客観的な基準が立てにくい。ここまではわかり、あとはダメだ、という境界線を引くことは不可能であろう。どうしても、この辺は大体常識できめられる、ということになる。例をあげて説明した方がわかりやすいと思うので、以下例示して、わずかずつ解説をつけてみよう。

厚生省が東京新宿鉄道病院を調べたら一点四円の低料金の秘密は医療施設の全部と人件費のほとんどを国鉄経費でまかなっていた。（新聞）

この文の主語・主題は「秘密」である、ところが、この文の述語らしいものは「まかなっていた」であるから、「秘密は……まかなっていた」という構文となって、ちょっとおかしい。つまり、「まかなっていた」は「秘密は」に対する述語ではないことになる。では「秘密は」に対する述語は？　探しても見当たらない。すなわち、述語のない文である。最後に「ことにある」をつけてはじめてこの文は完成する。さらに欲を言えば、もう一つその後ろに「ことがわかった」を重ねればいっそういい。

この選挙でかわっているのは、日本のように候補者の名前を書いて投票するのは、いなかだけで、都市などのように、人口の多い町では、投票所に投票機という機械がおいてあって、投票する人は、じぶんの選びたい人の名前の所にあるハンドルを、ガチャンとおすだけでよいのです。（子ども向け新聞）

「この選挙でかわっているのは」という主語に対するおさめがない。「ガチャンとおすだけでよい（という）ことです」として、はじめて結びがはっきりする。

こうした仕事を十五年も続けてきて、つくづく思うことは、良縁をうるカギは結局本人が自分の価値を冷静に知ることだ。（雑誌）

これも「思うことは」という主語に対して「ということだ」と結ばなければ述語がないことになる。このようにすると「知ることだということだ」と「ことだ」が二つもすぐ近くに続いてしまうわけで、多少うるさく思い、つい省略してしまったのであろう。

それで気がついたことの一つに、サマセット・モームは英国の人気作家で、それ故に一流だということになっているが、モームを日本式に定義すれば、あれは大衆作家だろうか、それとも、純文学作家だろうか。（雑誌）

「一つは次のことである。」と一度はじめに文を切ってもいいし、最後を「純文学作家だろうか、ということがある。」としてもいい。とにかく原文ではおさまりが全くない。

このアルバムは長い様で短かったこの三年間の四季折々の渦巻の中に成長した皆さんの精神は皆さんの血や肉となって巣立ゆく時が来てしまいました。（高校生の新聞）

掃除の徹底は我々が学園で修業している場を美しくするのは当然であるが、この当然やるべき事が出来ないのは、生徒各自の共同体意識が不鮮明で、一向に教場の美化

に努める人がいないからである。（高校生の新聞）

前者では「アルバムは」、後者では「掃除の徹底は」、という主語に対する述語がない。以上の例は、すべて容易に述語が想像できるものであるが、しかし、やはり述語がなければ完全な文とは言えないであろう。

次の例は、二つ以上のことを持ち出してきたために、一方の述語を忘れてしまったものである。

五・一五事件のあった昭和七年には〝玉の井のバラバラ事件〟大磯の坂田山心中で女性の死体がその夜墓地から盗まれ〝天国に結ぶ恋〟と騒がれたため心中、自殺が大流行。（新聞）

「玉の井のバラバラ事件」の結末が行方不明となった。これは他殺事件だから、下の心中・自殺の大流行とは関係ない。「玉の井のバラバラ事件があり、また……」とでも分けるのがよかろう。

事実、水道一本引くだけで、その町の乳幼児の死亡率はグッと低くなる。ミルス・ラインケの現象といって有名だが、上下水道を改善すれば、消化器系の伝染病ばかりでなく〝寿命〟ものびるそうだ。（新聞）

これも、同じ原因による大変不注意な文と言える。消化器系の伝染病がのびるなら水道はいらない。「……伝染病が、へるばかりでなく」と、並列したもののうち前の方に対する述語も忘れずに、傍点のように加えるべきだ。

あとはスピッツとカナリヤと、そして亡夫が好きだったキクを庭いっぱいに咲かせることが私の楽しみだし、また生きがいでもある。（新聞）

傍線の部分がいわゆる副文章（その文の主となる主語・述語などにかかる文）になるわけだがキクばかりが詳しくて、「スピッツとカナリヤ」の方は忘れ去られている。もちろん、「スピッツとカナリヤとが私の楽しみ」でも通じることは通じる。でも、それでは、キクに対しては不均衡な短すぎる文となってしまうし、構文上からも、「亡夫が好きだったキクが私の楽しみだし」として「庭いっぱいに咲かせること」を抜かして長さを同じぐらいにした方が平行する。こうしないのなら、「スピッツとカナリヤとをかうことと、亡夫が……」として下に続けたい。

述語の位置の悪さ

主語と述語との距離があまり離れているものは理解のさまたげとなる。

　だが六回一塁失からくり出した西村が杉山の痛打をジャンピング・キャッチした金田の超美技にもかかわらず2―1から代打川崎に3点本塁打されて形勢は逆転した。（新聞）

「形勢は逆転した」がこの文の主となる主語・述語であるが、それにかかる副文章の主語「西村が」に対する述語「3点本塁打されて」があまりにも主語から離れているので、なかなか文の筋がつかめない。このようなものも、やはり悪文と言うべきであろう。

　このこてき隊は、ことしの夏祭りが近づいたとき、町会が、たいこやふえなどの楽器と、五十人分のぼうしとネクタイを買いそろえてくれました。そして町内の四年生いじょうの小学生から、男女十五人の隊員をえらび、となり町にすんでいる、音楽ずきの大学生を先生にしてうまれたものです。（子ども向け新聞）

主語は「このこてき隊は」である。これに対する結びが「買いそろえてくれました」では結びになっていないと思って読んでいくと、句点「。」を越えて、次の文の最後に「うまれたものです」と正しい述語があることがわかる。述語が落ちているわけではないが、このような位置は話し言葉ではよくあるものの、書き言葉ではやはり異常と言わなければなるまい。

不適当な述語

述語がないわけではないが、その述語が不適当なものがある。

こうして、先生がたがみんな水泳を上達させて、ことしの水のぎせいをなくそうというのです。（子ども向け新聞）

「上達させて」という以上、一種の使役的なものを感ずるのであるが、「先生がたが」という主語ではふさわしくない。もちろん、「先生がたがみんな自分の水泳を上達させて」という外国語によくある発想法の、傍点部の省略とみられなくもないが、これは日本語として不自然である。「先生がたがみんな水泳に熟達して」などとしたいところである。

　お金の多い少ないよりも、鬼沢さんのような、気もちのこもったお金が、ほんとうの助けあいです。（子ども向け新聞）

　原文では「お金が……助けあいです」ということになるわけであるが、ちょっと説明不足。「鬼沢さんのように気もちのこもったお金を出すことが」と傍点部分を補ってはじめて、この述部に照応する適切な主語となる。これは、だから、むしろ「不適当な主語」という項で述べるべきところであるが、便宜上ここで述べた。

　このような、照応の不適切な主語または述語を発見するには、今までもやってきたように、主語と述語とを並べてみて反省するのがいい。そして変な所があったら、以上のように、主語あるいは述語を、そのときの文の意図に合うように直せばいい。

　次の例は、述語がはっきりしないものである。

日本代表の発言の内容は大づかみにいって、エカフェ（アジア極東経済委員会）諸国に多角的産業をおこすには民生の安定と歩調を合わせ、工業の適地適業主義、労働力を吸収するような家内工業、中小企業の育成、地域外先進国からの大規模な援助、地域内の多角的貿易および支払を必要としたものである。（新聞）

「発言の内容は……支払を必要としたものである」というのは正しいようである。しかし、真に正しいためには、「支払が必要」と「を」を「が」に変えて、「必要」までを日本代表の発言とはっきり規定する方がいい。述語がはっきりしない、と言ったのは、その意味であり、「支払が必要であるとしたものである」とはっきり動詞を表わした方がなおよかったろう。

ただこの選挙で目立ったことは自民党が権力を利用しつつ豊富な選挙資金にものをいわせ、かなり露骨に選挙違反を平気でやり強引な選挙戦を進めたことが社会党が伸び悩んだ原因でもある。（新聞）

これもはっきりしない。というのは主語である傍線部に対する述語が「進めたこと（である)」なのか「原因でもある(ことである)」なのか、わからないからである。なお、本当に述語であるためには、カッコの中に書いたようなものは入れなければならない。こういう意味で二重の悪文と言えそうである。

主語の省略

主語が省略されるのは、日本語では大して珍しくもないが、文の途中で主語をかえるときにはその主語を省略したのでは、文意がはっきりしない。つまり悪文となる。

わたしたちのからだは、あせをだして、いつもきまった体温にしています。とくにはげしい運動をしたり、暑いときには、たくさんあせをだし、あせがじょう発するときに、からだの熱をうばって、体温をさげるのです。(子ども向けの科学書)

二番目の文(「とくに」以下)では、初めの方は、一番目の文の主語「わたしたちのからだは」が主語となっている。傍線の部分で「あせが」に主語が転換する。この場合は、転換したときに主語を明示しているから迷うことはない。ところが、次の「体温をさげるのです」は、一体、第一の主語の述語か、第二の主語の述語かよくわからない。ここでは両方とも通じるようである。これは、この意味で悪文ということになろうか。

　これは山本安郎先生が前に勤めていた同校の生徒たちが、やがて学校を卒業して実社会に巣立つとき、若タカのように気品と力を持っておおしく飛び立ってほしい、という気持から、お友だちの彫刻家小倉円平さんにたのんで、さる七月から作りはじめ、大阪の天王寺、神戸の王子動物園でほんとうのタカを見学、何回も作り直してできあがったものです。（子ども向け新聞）

「山本安郎先生が」から「たのんで」まで全部の主語が「山本安郎先生が」であることはまず問題ない。次の「作りはじめ」は、山本先生を主語としても、そうおかしくはないが、普通には、小倉さんを主語と考えた方がよかろう。「さる七月」から「作り直して」までは疑いもなく主語は小倉さんである。しかし、ここで小倉さんが主語であるということは文面のどこにも出ていない。これは、やはり略さずに出すべきではなかったかと思う。

　以上、大分子ども向けの文章から引いた。やさしく書こうとすると、かえってこういうことになるのであろうか。

近所の懇意な奥さんが訪ねてきて「どうしましょう」と相談をうけた。（新聞）

不適当な述語のところで書くべきであったかもしれないが、「相談をうけた」のはだれかが明示されていないので、この項で述べておく。しかし、これを主語の省略としないで、「相談した」に変え、主語を上に明示してある「奥さんが」としてもいい。けれどもこの場合も、相談をうけたのはだれかは明示しなければならない。「わたしに相談した」というように。主語としての「わたし」だけでなく、「わたし」というのを、文章上に表わすのをきらうのが日本語のクセのようである。この点も将来の日本語のためには考えるべきことと思う。

毎年膨大な財政の赤字を出すことが示す地方自治制度の欠陥に対して、根本的な対策をきめるのが、こんどの国会の大きな使命の一つだと説明されていた。（新聞）

これは、主語がないわけではなく、ちゃんとある。しかし、その主語がなかなか出てこないのが、この文が悪文となる原因となっている。主語はなるべく早く出した方がいい。しかも、主語と述語との距離は短い方がいい。そこで、両方の要望を満足させるのは、なかなかむずかしいが、たった一つ道がある。それは、短い文を書くということ。これは、あらゆる場合の鉄則と言っていい。

不適当な主語

同署では県の監査書類と同組合の出納関係書類を照合した結果横領額は約二千万円に達するものとみられている。（新聞）

「では」は新聞に特徴的な助詞で、動作をする主体となる団体などを示すから、主語を示すものと言える。「では」による主語は、非常に広く力を及ぼす性質があるようである。原文では、「横領額は」以下は別の主語、つまり「横領額は」を主語とする主文章（副文章に対して、その文の主となる主語・述語を含む文）というようになっている。しかし、「では」ではじまってしまったため、右のもっともな意図が正しく文面に反映しないことになってしまった。あくまでも「横領額」を主な内容とするつもりなら、「同署が」と改めて、前半が副文章であることを明示する必要がある。もし「同署では」をそのままとするなら、下に「みている」と最後まで「同署」を主語としなければならない。

日ソ漁業交渉は三月末以前に再開されることになるとみられるが再開された交渉がどのくらい長引くかについては見通しがつかない。（新聞）

副文章の傍線の主語はバタ臭い。日本語的でない。「再開された」は日本語としてはいらないのではないか。ついでに言えば、「三月末以前に」は「三月末までに」とするのが日本語的であろう。これは外電であるが、外電にはとかく日本語としてこなれていないものが多い。

主述の照応とあまり関係ないかもしれないが、もう一つバタ臭い文章を例としてあげておく。これもまた一種の悪文と思うからである。

イギリスの製造業者たちは、日本が戦前のダンピングと意匠盗用をくり返す意図を持たないと彼らが納得するまでには数年の時日を要するだろうと言っている。（雑誌）

発想法そのものが日本語的でない。

最大の危機は中国軍の飛行機と潜水艦からもたらされるだろう。（新聞）

「最大の危機」というようなものを主語とする発想法が問題である。このようなものを主語とするので、どうしても述語が受身形となる。ここでは「もたらされる」がそれである。

受身形が翻訳文に多いという事実は、これが日本語的でないことを示すものであろう。普通の日本語では主語となりえないものを主語として、それによって、これを客観視する文が出来ると考える人たちがいる。この人たちに言わせると、こういう文こそ、真に客観的・科学的な文だ、と言う。しかし、現実には、こういう文はとっつきが悪く、日本人にはなれていない発想法なので、理解しにくいことは否定出来ないと思う。つまり、今のところは、こういうものは悪文と言える。悪文にしろ良文にしろ、その規準は永久に変わらないものではないけれども、今のところは、再び言うが、悪文である。

次にこの種の、特に受身が多い文の例を二つあげてみよう。

軍縮は突然もたらされるものでなく、一歩一歩実現されねばならない。インドは即時停止に賛成であり、これは今度の声明にもうたわれている。（新聞）

「もたらされる」などという受身を使う必要はなかろう。「出来あがる」などの能動態で十分代用することができる。「軍縮は」を提示的に考えれば、「一歩一歩……」の所も「一歩一歩実現していかねばならない」でもいい。

　イスラエル政府高官によると、イスラエルは現在、両占領地域に配置されている約一万―一万一千人の部隊は六千人に縮少される予定で、残留部隊は市街地から離れた特定の地区に再配置されるという。（新聞）

次のようにすれば、受身形は一つも使わないですむ。

　イスラエル政府高官によると、イスラエルは現在、両占領地域に配置している約一万―一万一千人の部隊を六千人に縮少する予定で、残留部隊は市街地から離れた特定の地区に再配置する、という。

日本語では受身は一つも使わなくても、その気にさえなれば文を書くことができる。
バタ臭い文のついでに、日本語では省略することの多い主語を明示したために、日本語らしくなった例をあげよう。

私は日曜日の朝の陽光を浴びながら、前後の気配を気にすることもなくこの寂しい街を漫歩していると、なんとなくのんびりとした、解放されたような気分にひたることができて、山の温泉や、湖水の周辺の散歩とはまた違った味わいと落ちつきとを覚えます。

とくに、これは随筆であるから、「私」はわかりきったものとして、いらないと言えるが、随筆でなくてもいらないであろう。主述の関係だけについて言えば、原文は非の打ちどころはないのであるが。

われわれはそれが単に国会論議や世論の反対に肩すかしを与えるというのでなく国民に聞くという立場でこの問題と取り組んでほしい。（雑誌）

「われわれは」という主語に対して、結びである述語がない。「ほしい」が、いちおう述語かとも考えるが、「われわれは」に対する結びとしてはどうであろうか。「われわれは」

がなければ、原文のままでいい。つまり主語は省略した方がよかった。もし「われわれは」をこのまま残すならば、最後に「と思う」をつければ落ち着く。

▼省略がすぎる

主述の照応に関して、主語および述語の省略については随時ふれたが、ここではその他の、省略に関することについて一括して述べよう。

協約には日本の選手なり、チームなりが海外へ出るときには、コミッショナーの許可を必要とするが、反対に海外から日本へ来るものについては協約中に規定がない。
（新聞）

今までに述べたことと重複するが、「協約には」に対するおさめがない。「必要とするとあるが」と動詞を補うべきである。この照応の悪さを別にすれば、省略すべきものがあることに気がつくであろう。すなわち、「協約」がこの短いなかに二回も出てくるのはムダと言うべきである。後ろの方の「協約中に」は削った方がすっきりするであろう。話し言葉ではこのたぐいのダブリは多くある。それは、念をおす、または確かめのためにも必要であるが、書き言葉では文を稚拙に見せるだけの効果しかないと思う。

このように、余計なものをなるべく省くということを、いつも考えていなければならないのであるが、一方、略しすぎてもよくない。このかねあいも、なかなかむずかしいところである。たとえば、次の文などは省略がすぎている。

地元商店街では〝真知子と春樹がスレ違った橋〟として観光客には絶対人気のあるこの橋を客寄せのためにも反対し続け、対策委をつくって運動してきた。（新聞）

「この橋を」どうするのか、もちろん想像することはできるけれども、文面に表わさないのは、略しすぎと言うべきであろう。「この橋をこわすことには」あるいは「この橋を失うことには」の傍線部分のようなものはどうしても必要である。

この曲でハチャトゥリアンは、彼の生地コーカサスのアルメニア地方の民族的音楽をとりいれて、強烈な色彩とはげしい個性あふれるものにしている。（プログラム）

何を「強烈な色彩とはげしい個性あふれるものにしている」のであろうか。言うまでもなく、この曲を、であろうと思う。ここの主な述語動詞「する」は他動詞であるが、原則として他動詞の目的語は省略しない方がいい。ここで、その目的語「この曲を」も省略したのは、おそらく、一番はじめの「この曲で」と多少ダブるからであろう。しかし、このように、目的語と競合するものがあるときは、目的語の方は省かない方がいい。ここでも「この曲で」の方を省いて、「この曲を」を「強烈な」の上に持っていくべきであった。

要するに省略ということも、なかなか慎重を要することと思う。略しすぎとダブったものとどちらがいいかと言えば、詩・小説などの芸術作品でない限り、むしろダブリの方がいい。省略してしまっては、全く筆者の予想もしないような解釈が成り立つことがあるかもしれないが、ダブったものは、多少うるさいと思われても、そのための誤解だけは起こりえないからである。

▼並べ方がまずい

文が内容的に並列している場合、これを完全に並列させることが必要である。これも、文の筋を通すという観点から簡単にふれておきたい。

これは害虫や病気のもとになるものが残っていたり、養分のかんけいだろうといわ

れています。（子ども向け科学書）

「いたり」と、「たり」が使ってあるから、次の部分と並列していることが予想されるのに、文面上は全くそうなっていないので、読み手の心理にひっかかりが起こる。「たり」は並列を示す助詞であるが、「見たり聞いたりためしたり」のように並列する各項につくのが原則である。だから、「見たり聞くのはおもしろい」のように「たり」が一方にしかつかないのは正しい使い方とは、現在は言えないようである。「机と紙と」の「と」のように、これも並列的に列挙するとき使う助詞も、昔は、「机と紙と」のように第二の「と」もつけるのが基準であったようである。ところが、今は「机と紙」のように、初めの方のあとにつけるだけでいいことになった。「たり」もそのような傾向がないとは言えないのかもしれないが、現在のところ、まだ「たり」は両方につけるのが原則で、そう使う人の方がはるかに多い。

　それでは原文でも「たり」を両方につければいいのであろうか。しかし一方、「たり」という助詞は動詞にしかつかないという法則があるから、「かんけい」にはつかない。つまり、「たり」を両方につけることはできない。そこで、前の方も「たり」をやめてしまって、「残っていることや」と体言（活用がなく、また文の主語となりうる語。名詞など）にしてしまう必要がある。あるいは、「養分がたりなかったりするかんけいだと……」と「養分」についても動詞をつけて「たり」を両方使うようにする。

次にもう一つ例をあげよう。これは、修飾のところの問題でもあろうと思われるが。

ドイツは賠償および通商による以外の戦後の一切の負債を免除されなければならない。（新聞）

受身が気になるが、ここでは問題外としておく。ここに出したのは、並列関係が一体どれとどれとの間にあるのか、はっきりしないためである。

(1)　賠償

(2)　通商による以外の戦後の一切の負債

なのか、それとも、

(1) 賠償
(2) 通商 ｝この二つ以外の戦後の一切の負債

なのかがわからない。はじめの考えでは、賠償は負債に平行し、第二の考え方では、賠償と通商とが平行する。

このようなわけで、並列は厳密にどう並列するかを文面に表わさなければならない。

▼副詞のおさめが悪い

副詞にはきまったおさめのものがある。たとえば、「決して」とあれば、下には必ず打ち消しがなければならない。「決して悪いことをするんだぞ」と言うことはない。一部の副詞（陳述の副詞と言われる）は、このように、先に表われて、結論がどういう形なのかを予告するという働きを持っている。すなわち、「決して」とあったら、何か否定的なもの、禁止的なものがあとにくるな、ということが受け手に予告され、受け手もその心がまえをする。ところが、それが通則と違うと、受け手に心理的ショックを与えることになる。つまり、コミュニケーションの一種の障害を起こす。

それゆえ、陳述の副詞は法則どおりにおさめなければならない。と言っても、この法則はこれも年とともに変わるものである。有名な例は「とても」で、これは、昔は、後ろには必ず否定がこなければならないという、陳述性を持っていた。たとえば「とてもできない」など。しかし、いつごろからか、この傾向が薄れて、今は、必ずしも、後ろが否定でなければならないということが、なくなってきた。たとえば、「とてもきれいだ」と、言いうるようになった。しかし、今でも、一部の老人は、「このごろの若い者は言葉の使いようを知らない。とても、と言いながら打ち消しを使わない」などと言っている。この老人の言は、言葉の基準が絶えず動いていくもので、そのときの世間で多く使われている方の形が、結局は正しい言い方であるということを知らない、ということを示している。もっとも、多く使われている形ということだけに基準があるものでもないし、また、今どちらの方が多く使われている形かという判定を下すのもむずかしいことではある。

ともあれ、こういう副詞のおさめの悪い例を一つあげてみよう。

> 決してどんなつらいことがあっても、どんな困難があっても、努力だけはするべきものだ。(放送)

あまり早く「決して」をあげてしまったので、言ったことを忘れてしまったのであろうが、ちょっと肩すかしを食わされたという感じである。もちろん言おうとすることはわかるが、受け手の常識にたよるというのは文章として最上のものではない。

　副詞のおさめは何も、陳述の副詞だけに限らない。副詞的なものは次に何がくるかを予想させるものが多い。これが期待にはずれると、やはり肩すかしを食わされた感じを持つ。

　いまさらながら王の一本脚打法の威力のすごさ。（新聞）

「いまさらながら」は単一の副詞ではないが、副詞句として取り上げてみる。このおさめはちょっと妙に思われなくもない。副詞は連用修飾語で、用言（活用があり、単語で述語となりうる語。動詞、形容詞など）にかかっていくものである。それなのに用言がない。後ろの方に「すごさに驚いた」などと動詞があってほしいところである。しかし「いまさらながらの」と連体修飾の形にすればこのままでもいい。もっともこうすると「の」が続きすぎる。

　これまで図書館は遠いところ、学生や生徒が勉強にゆくところ、一部インテリだけが利用するところという古い観念を捨てさせた。（新聞）

これも、「これまで」という副詞句が「古い観念」という名詞にかかる、というところに問題がある。つまり、ここも「の」を入れて「これまでの」と連体修飾語にすれば問題はなくなる。「これまで」のままであるならば、「……利用するところと思っていた古い観念……」と動詞に照応させるようにすべきである。

▼助詞へのおさめが悪い

助詞についてもいろいろおさめについての問題がある。一部についてはすでに述べたが、ここではもれたものを拾遺的に取り上げよう。

前に「では」に対するおさめの例をあげたが、似たようなものに「には」がある。この「には」は、言わば、ある場所の中で、という意味がある。このためのおさめということが当然考えられる。

　放送局には、聴取率調査といって、きいている人の数や感想などを調べるようになっていて、その結果がわかるまでは、夜もおちおち眠られない思いでした。（子ども向け新聞）

「調べるような組織があって」などのおさめがなければならない。これは「には」を他のものに直しても、ちょっと救われない。しかし、次のものは「には」だけが悪いのである。

一方労組内部には総評議長や炭労などは第一の戦術の支持を強くしており国会の放棄をすれば国民世論は衆院解散の方向に必然的に向いてくるものとしこの採用を強く要望している。（新聞）

「には」を「では」とすればいい。「には」であれば、「総評議長や炭労など第一の戦術を強く支持している一派があり、国会の……」とすればいい。つまり、「では」は非常に主語的な感じであるのに対して、「には」は場所的な感じが強く、したがって、そこでの動作や存在を示す語を強く要求するわけである。それをしないので、おさめの悪さというものを感じてしまうことになる。

前に、二つのことを並べて、終わりの方に対する述語だけを述べて、初めの方の述語が抜けてしまっている例をいくつかあげた。次の例は、いささかこれに似てはいるけれども、さらに、「と」で結ばれた両者が並列しないものである。

　この二月、みんなの努力と身体の衛生が守られて、ついに全員出席、遅刻、早退なしの記録をうちたてることができたのです。（子ども向け新聞）

「みんなの努力が守られる」というのは事柄としておかしい。第一「努力」と「衛生」とは並列しない。ここは、どうしても「みんなの努力と身体の衛生が守られたことによって」と並列させなければならない。もっとも、これであまりいい文になったとは言えない。努力と守ったこととは、むしろ原因結果の関係にあるからである。そこで「と」を「で」に変えてみたら論理的によく結びつくのではないかと思われる。つまり「みんなの努力で身体の衛生が守られて」とする。なお、「全員出席なし」ということになるから、逆にして、「ついに遅刻、早退なし、全員出席の記録を……」とすればよくなる。

　シオビキの骨を胃ブクロにひっかけて二日もエが食べられないでいたニワトリをカミソリで〝手術〟をみごとに成功したのも語り草。（新聞）

助詞の「を」が続きすぎる。初めの二つはいいのだが、三番目の「手術を」の「を」はいけない。「を」とあるとき、それを受ける動詞は他動詞であるのが普通で、これが正しいおさめと言うべきであるが、「成功する」という自動詞を持ってきているのが、混乱の原因である。

「成功させる」とすればこの点は解消するが、やはり「を」が重なりすぎておかしい。結局「カミソリで〝手術〟し、みごとに……」と「を」を一つ消すのがもっともいい療法であろう。

このように一つの助詞が一文中に何回も出ることを、私たちは悪文のインデックスとしてよいと思う。次の例は「は」が重出して悪文となったものである。

> アメリカの大統領は、いまから百九十六年前に、ワシントンがはじめて選ばれてから、いまのカーターは、三十九人目です。（子ども向け新聞）

二番目の「は」を「で」にすれば何事もない文となる。「カーターは」と「は」を出したのは、おそらく、それを大きく提示したかったのかと思われる。それなら、「いまのカーターは、百九十六年前に、ワシントンがはじめてアメリカ大統領に選ばれてから三十九人目（の大統領）です」とすればいい。または二つの文に分けて、「アメリカの大統領には、いまから百九十六年前にワシントンがはじめて選ばれました。いまのカーターは、それから三十九人目です」でもよかろう。「お爺さんは山に柴刈りに、お婆さんは川へせんたくに」のように、完全な並列関係にあるときには「は」がいくつ重なってもかまわないが、文の内部に主従関係に立つ部分があるときには、「は」が二つ以上あるのは（つまり、主文章と副文章の両方、またはそれ以上にあるときは）、たいていどこか、おかしいところがある。

尾脇君が、電気楽器を作ったきっかけは昨年の夏、音楽の時間に先生から電気ギターの話を聞いてからです。（子ども向け新聞）

右の例のように「から」が二つあっても意味が違うときはかまわない。「先生から」の「から」は動作の原泉を示し、「聞いてから」の「から」は時間の原点を示す、というように。この点はいいとしても、しかし、「きっかけは」という主語に対して述語がない、という意味では、初めに述べた首尾が整っていない文である。「聞いたことにあります」とするか、あるいは、「先生がした電気ギターの話にあります（話です）」とするか、である。こうすれば「から」も一つ減って、余計な心配をしないですむから、かえっていいかも知れない。

修飾の仕方

山

と言えばどんな山でもいいが、

高い山

と言うと、その範囲は限定される。さらに

日本で一番高い山

と言えば、ただ一つに限られてしまう。この傍線を引いた「高い」「日本で一番高い」などの部分、「山」という言葉を具体的に説明している部分のことを文法用語で「修飾語」と言う。次にあげる傍線の部分も、「高い」などとは性質が違うが、やはり修飾語である。

私の本

船は静かな海を岸へ漕ぎもどる

これと違って、

ウサギとカメ

汽車や電車

出たりはいったり

のように、二つ以上の部分が同じ資格で並んでいるのを、文法では「並立」と言っている。修飾と並立とは、文法上の性質は違うが、似たような悪文をつくりやすい。それで、まとめて扱うことにする。

▼助詞のくりかえしと省きすぎ

名詞が動詞を修飾する場合、名詞と動詞との関係は助詞で表わされる。

学校へ行く
学校で勉強する
学校から帰る
学校を卒業する

この助詞の意味があいまいになっている文がある。

校長先生のくわしい説明で峠をのぼるバスの窓から見た、三峰の緑深い山々、（PTA広報）

「説明で……見た」は、うまくつながらない。「説明を聞きながら」とでもすべきである。

大山は信仰登山により昔日より多くの登山者を迎え、相模の霊山として日本全国までその名が知れ渡っている。（単行本）

「により」は助詞ではないが、すぐ下の「昔日より」とダブる。「信仰登山のおかげで」とすれば救われる。なお、「日本全国まで」はおかしな表現だ。「日本全国に」か「日本のすみずみまで」にすべきだろう。

雷は上層風が弱く蒸し暑い日に起りやすい。ある夏に、私が曇った日に塔ノ岳を降る頃からゴロゴロと鳴り出した。（単行本）

これは同じ意味の「に」を重ねたもの。「夏に」の「に」を削ってもいいし、順序を入れかえて、「ある夏の曇った日に私が……」としてもいい。

逆に、使うべきところで助詞を省くと、意味がアイマイになる。

ご飯、汁もの、煮もの、蒸しものなど、コゲ目をつけたい焼きもの以外は何でも使える。（新聞）

こんな場合は「何にでも」と助詞を入れないと、やや舌たらずの感じがする。

▼並列の一方を忘れた文

しかしバルボンのカーブに対する目と打撃はうまく、それと対照的に田中守はカーブがまだ打てないようだ。(新聞)

文字どおりにとると、

　カーブに対する目はうまい

ということになる。こんな表現は日本語にはない。書き手はたぶん

　カーブに対する目と打撃はすぐれており……

というような調子で続けるつもりで書き出したのだろう。ところが、「打撃は」まで来て、

上に「カーブに対する目」があったことを忘れ、つい「打撃はうまく」と続けてしまった。そのために「目」の方もまきぞえをくって「目はうまく」と読まざるをえない文になったわけだ。

　山形県では、このあいだ県内にすんでいる動物や植物を、学者たちにしらべてもらいました。（新聞）

この文でも植物が「すんでいる」ことになる。やはり「動物や」まで来て、上の「すんでいる」を忘れたせいだ。動物がすんでいるのに対し、植物だったら「はえている」と言わなければならない。だが、ここでは、「すんでいる」も「はえている」も略して、「県内の動物や植物を」にすれば問題はない。

　なお心配されている雅樹ちゃんについては、犯人は十六日午前十一時二十五分、同家に最初にかけた電話で「子供はパンと牛乳をのませて寝かせてあるから大丈夫だ」といったきり。（新聞）

子供に「牛乳をのませて」とあるのはいいが、パンをのませるわけはないから、このままではいけない。きちょうめんに言えば

　パンと牛乳をのみくいさせて……

だが、これではバカていねいすぎるだろう。

　パンと牛乳をやって……

にしたらどうだろうか。

　水上なら、勤務先の会社から船を借りて生活しても家賃はいらない。水、燃料など不便は多いが、それだけに経費もかからない。また、騒音に悩まされたり、近所づき合いの気がねもいらないといったよさもある。（新聞）

「……たり」という並列の形は、下にやはり「……たり」がこないとおちつかない。

お茶をのんだり、お菓子をたべた。

と言うよりも

お茶をのんだり、お菓子をたべたりした。

の方が自然である。ところがこの文では「悩まされたり」に対応する形がない。しかも、このままでは、騒音に悩まされることと、近所に気がねのいらないことが並んでいるようにとれる。そうすると、「騒音に悩まされるといったよさもある」という妙なことになる。

騒音に悩まされたり、近所づきあいに気をつかったりしないですむといったよさもある。

というようなのが、最初、書き手の書こうとした文だろう。もっと簡単に、騒音や近所づきあいのうるささがないといったよさもある。

にしてもいい。

▼修飾語のかかり方が乱れた文

文が長くなったり、いそいで書きとばしたりすると、上に書いてきたことを忘れて、下とうまくつながらないことがある。

これは現在内職程度にしかやっていないピアノ教授を、将来増大する子供の教育費にそなえて専念したいと思っているため、家事にとらわれる時間を少なくする理由からで夫君も賛成している。（新聞）

「ピアノ教授を専念したい」ではおかしい。これは、

(1)　ピアノ教授を……（本職にしたい）

(2)　（ピアノ教授に）……専念したい

といった二つの言い方のこんぐらかりだ。その原因は、「将来増大する子供の教育費にそなえて」が間にわりこんできたことにある。「専念したい」が「ピアノ教授」のすぐ下に続いていたら、書き手も当然「教授に」としただろう。

ワイシャツなどの贈り物は前もってサイズを確かめておくことと特売場の品でも適当な物もあるが相手によっては量より質の一流商店の高級品でなければ恥をかく場合もある。（新聞）

「確かめておくことと」ときたのだから、これに並ぶ条件をあげて、「……することとが大切である」というように結ばなければいけない。その条件とは「相手によっては高級品をえらぶこと」だが、「特売場……」と長くなったために文の組立てがくずれてしまった。この文は二つに切って、

ワイシャツなどの贈り物は……おくことが大切である。特売場の……

とすればすっきりするだろう。

　また不急不用な品物の贈答よりも、銀行の窓口でだれでも簡単に作ってもらえるギフト・チェックの利用もでき、いまでは失礼に当らない風習である。（新聞）

ここでも

(1) ……品物の贈答よりも……（ギフト・チェックを利用した方がいい）

(2) （品物を贈答しないでも）……ギフト・チェックの利用もでき……

というような二つの流れが入りまじっている。

　荷物は必ずルックサックに入れて、ボストンや手提カバン等で手をふさぐのは登山に不向である。（単行本）

「ルックサックに入れて、ボストンや手提カバン等は持たないようにすべきである」とでも書くつもりだったのだろう。これも二つの文にわけて、

……ルックサックに入れて持つべきである。ボストンや……

とするのがよい。一体、このような文脈のもつれは、一つ一つの文が長すぎて、書き手自身が全体の構造をつかみそこなうところから生まれるのだから。

文脈のすれちがいは、呼応の乱れをもまねく。

日本語では、肯定、否定、推量など、話し手、書き手の態度を表わす言葉は、文末におかれる。このため、終わりまで読んではじめて「……ではない」「……かもしれない」といった表現にぶつかり、どんでん返しをくったという感じを受けることがある。これを防ぐためには「予告の副詞」を活用すべきだ、と松坂忠則さんはいう。「予告の副詞」というのは、「おそらく」「きっと」「決して」などで、これらを使えば、初めから推量や否定がくることが予告される。「決して」とあれば、最後には否定の表現がなければいけない。ところが、このような呼応は、文脈の乱れによって破られる。

二十日の拡大大会も必ずしも予定通りには経過する見通しが困難になったことに対し……（新聞）

「必ずしも」は普通「ない」と呼応する。「必ずしも予定通りには経過しないと見られるのに対し……」だったらいいわけだ。この文に即して言えば、「必ずしも」を削れば文脈が通じる。

公民権停止になっているということが判っても万一選挙運動期間中恩赦、大赦などにより復権する可能性も考えられるから……（新聞）

「万一」は仮定表現と呼応する副詞だから、「万一……復権したら」と続くのなら使える。このままの文脈の中では、やはり「万一」を削らなければならない。（なお、このことは「照応」の項でも取り上げた。）

▼どこにかかるのか、わからない修飾語

『むつかしい子の教育』という本がある。この本の題は二とおりにとれる。

(1) むつかしい「子の教育」
(2) 「むつかしい子」の教育

つまり、「むつかしい」という修飾語は、「子」にかかっているのか「教育」にかかっているのか、アイマイなのだ。文章の中にも、この種のものがときどき見つかる。

新聞記者でもある氏の良き伴侶、みどり夫人はまた同時に、司馬氏のよき飲み友だちでもあるらしいのです。（雑誌）

「新聞記者でもある」のはだれだろうか。この修飾語はどの語にかかっているのだろうか。それは「氏（司馬氏）」かも知れないし、また「良き伴侶（みどり夫人）」かも知れない。文法的には、その一方にきめる根拠はないのであり、前後の文脈から判断するよりしかたがない。書き手の頭の中では、こんなことは、わかりきったことにちがいない。それで何の気なしにこんな書き方をしたのだろうが、予備知識のない読み手の側に立って読みなおしてみるべきだった。

奥秩父とは東、三峰神社あるいはアララギ尾根の末端にある一杯水あたりからの尾根を雲取山の手前で合流させてそのまま西進して、金峰山あるいは小川山を越して信州峠あたりまでの主脈とその主脈の南部と北部にそれぞれ派出する数多くの支脈にたいしての総称なのです。（単行本）

この文は「奥秩父とは」と「総称なのです」との間にいろんなことをつめこみすぎて、一度読んだだけでは頭にはいりにくい。しかし、その全体のことは別にして、ここに出てくる「あるいは」の使い方に目を向けてみよう。前の「あるいは」は

三峰神社
　　あるいは　｝あたりからの……
一杯水

と、「三峰神社」と「一杯水」とを対立させたものだろう。

三峰神社
　あるいは　　｝の末端……
アララギ尾根

とは読めない。「三峰神社の末端」というのはナンセンスだから。しかし、あとの方の「あるいは」は、次の二とおりにとれる。

(1)金峰山
　あるいは　｝を越して……
小川山

(2)金峰山
　あるいは　｝あたりまでの……
信州峠

どうせ「あたりまでの」とぼんやりした表現をしているのだから、と言うのならともかく、厳密に書きたかったら、このような「あるいは」はさけるべきだ。(1)の意味なら、金峰山かあるいは小川山かを越して……

(2)の意味なら

金峰山あたり、あるいは小川山を越して信州峠あたりまでの……

とすれば、誤解されるおそれは、ずっと少なくなるだろう。

この湖の岸には沼沢地ができ、恐らくミツガシワやクロバナロウゲが盛んに繁茂し、スゲの類がこれにからみ、更にミズゴケがそれらを拠点として繁殖し、77頁の図版に示してあるように、水面に沿って庇状に突き出したり、岸の方から埋立てたりして、泥炭を堆積し、ついにかつての堰き止め湖を湿原と変らせてしまったのである。（単行本）

こうなると、せっかくの「予告の副詞」もあまり利いてこない。この「恐らく」はどこまでかかるのか。最後の「変らせてしまったのである」まで含めて、全体にかかっているとも見られないことはない。しかし、それにしては、最後がいかにも断定的なひびきを持っていて、「恐らく」というのとそぐわない。この文も途中の適当なところで切って、「恐らく……だろう」と、推量の範囲を明らかにすべきだった。

▼離れすぎた修飾語

修飾語が幾つも続く場合、どれを先にするかは一応自由である。

白い大きな花
大きな白い花

という二とおりの言い方の間には優劣がない。しかし、実は、「白い」と「大きな」のように、性質も長さも同じような修飾語の場合には問題にならないのだが、性質や長さに違いのある修飾語の間では、その順序をどうするかによって、文章のよし悪しがきまってくる。

奥田靖雄さんは『正しい日本文の書き方』という本の中で、修飾語の条件として次の三つをあげた。

(1) ながい修飾語をつけないこと
(2) 修飾される語のすぐまえに修飾語をおくこと
(3) ながい修飾語とみじかい修飾語とがあるときは、みじかい修飾語のほうを修飾される語のちかくへおくこと

この第三の条件が修飾語の順序を規定したものだが、この心得は、たとえば次のような文をなおすのに生かすことができる。

両国は軍縮を段階的に核兵器の削減に重要性を置いて進めるという方式をとることに意見が一致した。（新聞）

(A) 軍縮を
(B) 段階的に
(C) 核兵器の削減に重要性を置いて

という三つは、みな「進める」にかかるものであり、その限りでは同じ資格をもっている。しかし、この文の中では、ⒸをⒶⒷの前へもっていって、

核兵器の削減に重点を置いて、軍縮を段階的に進める……

とした方が読みやすい。（「重要性を置いて」という言い方はあまりにバタくさい。）これは、内容も関係することはもちろんだが、ⒸがⒶⒷにくらべて長いせいもあると思われる。

イタリア共産党の、みずからその作成に決定的貢献をおこなった共和国憲法（これは法制的な上部構造の改良にほかならない）の規定にもとづき、大衆闘争によって反独占民主主義の領域におけるイタリア社会の政治的・経済的諸構造の改良を実現することをとおして、社会主義の方向へ発展してゆく構造的改良の戦術は、レーニンのこの思想を現代の諸条件に適用したものであるということができよう。（単行本）

ここでも、「戦術」に対して

(A)　イタリア共産党の
(B)　みずからその作成に……社会主義の方向へ発展してゆく
(C)　構造的改良の

という三つの修飾語がついている。そして(B)がおそろしく長い。そのために「イタリア共産党の」という修飾語が宙に浮いたかっこうで、これが「戦術」にかかっていくのだということを読みとるには、ちょっと努力がいる。

「……発展してゆく、イタリア共産党の構造的改良の戦術」とすれば、少なくとも、その点だけは救われる。ただし、この文全体としては、そんな小手先の「改良」だけではとても救いがたい。この文の中には、

(a)　構造的改良の戦術の説明
(b)　その戦術がレーニンの思想の適用であることの説明

という二つのことが盛りこまれている。そして(a)の方は修飾語として織りこまれているの

に非常に長い。文の骨組みという点からは、(b)の方が中心であるが、(a)の重みに圧倒されてかげがうすい。ここでも(a)(b)は独立した文にすべきだった。なお、「発展する」は自動詞だから「社会主義の方向へ発展してゆく」のはおそらくイタリアの社会だろう。ところが、その上の「みずから……改良を実現することをとおして」までは、イタリア共産党のことを言っている。一つの修飾語の中で、このように立場がかわるのも感心したことではない。「社会主義の方向へ発展してゆく」を「社会主義の実現を目ざす」にでもすれば、全体が共産党のこととして統一できる。

> 前にふれたように武装蜂起を頂点とした大波のような革命の高まり、それが一時的敗北を喫した場合の凍りついた反動期、そのなかで次第に蓄積されてゆく運動の新しい上昇といった過去の革命運動のイメージは、歴史の客観的産物である政治的危機に際しての武装蜂起による権力奪取という戦術と密接に結びついていた。（単行本）

この文の骨組みは、

> 前にふれたように……イメージは……戦術と密接に結びついていた。

である。「前にふれたように」は「結びついていた」にかかる。これも離れすぎた修飾語の例である。「前にふれたように武装蜂起を……」と続けて読んでしまうおそれがある。「ように」の下に点を打っておけば少しは救われる。また、全文を書きなおして、

武装蜂起を頂点とした……運動の新しい上昇、というのが過去の革命運動のイメージであった。このイメージは、前に述べたように、……という戦術と密接に結びついていた。

にすれば、もっと無理がない。なお、

歴史の客観的産物である政治的危機に際しての武装蜂起による権力奪取という（戦術）

という修飾語はあまりに長過ぎ、複雑過ぎる。これは内容にも関係することで、前後の文脈を引用しなければ、はっきりしないかも知れないが、「歴史の客観的産物である」とい

う部分はよけいだと思う。政治的危機が勝手に作り出せるものではなく、客観的な法則の産物であることが言いたければ、修飾語としてつけないで、別の文で言えばいいことだ。

▼長すぎる修飾語

今までに引用した悪文の中には、修飾語が長すぎたために失敗したと思われるものが幾つかあった。長い修飾語はいつも悪い、とも言えないが、とにかく、それが悪文の原因になりやすいことは事実である。その極端な一例として、「34年分の　譲渡所得　山林所得　変動所得　臨時所得　の計算方法」という解説文の一節をあげておこう。多少頭がクラクラするかも知れないが、ガマンして読んでいただきたい。

> 調整所得金額とは、総所得の金額から基礎控除などの所得から差し引かれる金額を差し引いた後の金額から、更にまず変動所得の超過額と臨時所得の金額との合計額に当る金額を差し引き、次にその差し引いた後の金額に変動所得の超過額と臨時所得の金額との合計額の5分の1に当る金額を加えた金額をいい、特別所得金額とは、変動所得の超過額と臨時所得の金額との合計額の5分の4に当る金額をいいます。

もし文法的にまちがっている文だけを悪文と呼ぶならば、これは悪文ではない。しかし、読み手の苦労を考えると、これは大変な文章である。おそらくこの文章を書いた人には何のことかよくわかっているのだろう。そして、いつも同じ説明をくりかえしたあげく、自分の説明が他人に通じているかどうかにおかまいなく、機械的に筆を走らせているのだろう。

この文は

(1)　調整所得金額とは……金額をいい、

(2)　特別所得金額とは……金額をいいます。

という二つの部分からなる。問題は(1)の……の箇所だ。ここは全部「金額」にかかる修飾語なのだからあきれる。この長い修飾語を何とかすることが、この文の治療法だ。そして事実手術をすれば何とかなる。

まず文中の用語を次のように記号化してみよう。

調整所得金額……x

総所得の金額……a
基礎控除などの「所得から差し引かれる金額」……b
変動所得の超過額……c
臨時所得の金額……d
特別所得金額……y

これらを文中に代入すると、

xとは、aからbを差し引いた後の金額から、更にまず、cとdとの合計額に当る金額を差し引き、次にその差し引いた後の金額にcとdとの合計額の5分の1に当る金額を加えた金額をいい、yとは、cとdとの合計額の5分の4に当る金額をいいます。

これを数式に書きなおすと、

$$x=a-b-(c+d)+\frac{1}{5}(c+d)$$

$$y=\frac{4}{5}(c+d)$$

xについての式を簡単にすると、

$$x=a-b-\frac{4}{5}(c+d)=a-b-y$$

つまり、文中に述べてある順序と逆に、yを先に計算してしまえば、xの計算はうんと楽になる、ということだ。

更にまず、変動所得の超過額と臨時所得の金額との合計額に当る金額を差し引き、次にその差し引いた後の金額に変動所得の超過額と臨時所得の金額との合計額の5分の1に当る金額を加えた金額

という、ものものしい頭でっかち型の文章が、

　特別所得金額を差し引いた後の金額

という、たった一行におさまってしまうのだ。手品の種は原文で五を引いて一たしたところを、はじめから四引いたにすぎない。これは、修飾がどうのこうのという文法上の問題であるよりも、数学的な考え方の問題かも知れない。ただ、長い修飾語をつけることが必ずしも正確な表現に役立つわけではない、という一例にはなるだろう。

　さて、全文を書きなおしてみよう。

　調整所得金額とは、総所得の金額からつぎの⑴、⑵を差し引いた後の金額をいいます。

⑴　基礎控除などの、所得から差し引かれる金額

⑵　特別所得金額

ただし、「特別所得金額」とは、変動所得の超過額と臨時所得の金額との合計額の五分の四に当る金額をいいます。

この例は初版『悪文』当時のものである。税金の解説はその後よくなったようで、今は

これほどひどいものは見あたらない。しかし、これに近い悪文が完全になくなったわけではないし、法律にくわしい人が厳密にかこうとすると、この種の文章になりやすいので、注意をうながすために、もとのまま残しておくことにした。

▼はさみこみ

修飾語は修飾される語の前にあるのが原則だが、この原則は話し言葉では破られることが少なくない。

「じゃ、待ってるよ、外で。」
「なんてったっけ、あの人、あの、いつも来る、おしゃべりの。」

書き言葉にはこの種の「倒置」が少ない代わりに、言葉の流れを一度切って、（　）や——でかこんだ修飾語を修飾される語の後ろにはさみこむことがある。次のように。

もちろん現実は同時にその中に少数民族の問題や、種々の形態——以前のロシアや、またそれとは非常にちがったものではあるが現在のアメリカに見るような——での多

民族国家の問題をふくんでいる。（雑誌）

「以前の……見るような」は「種々の形態」にかかる修飾語である。したがって、普通なら、「種々の形態」のすぐ前におかれるはずだ。しかし、それでは修飾語が長過ぎるために、文章の骨組みが見失われるおそれがある。——でくってこの部分を修飾される語の後ろにおけば、文の流れにとって中心となる部分と二次的な部分との区別がつき、それだけ読みやすくなる。

しかし、このままの形では、問題がないわけではない。第一に、読者は、「……見るような」まできて、あらためて前にもどって、これをうける「種々の形態」という語を探さなければならない。第二に、「種々の形態」と「での」とが切り離されているために、「での」が出たところでまた——の前に帰って「形態での」と続けて読みなおさなければならない。言葉は線的に、一つの流れとして続いている。その流れを中断し、前にさかのぼって読むことを要求するのは、名文とは言えないだろう。ではどうすればいいか。もっとも簡単な解決法は、修飾される語をくりかえして、

……種々の形態——以前のロシアや……見るような形態——での多民族国家の問題

をふくんでいる。

とすることである。これは修飾語の倒置をやめて「形態」を同格のくりかえしにしたのだが、こうすることで、文の流れを中断せずに、という目的ははたされる。

（　）や——によるはさみこみは、はさみこまれた部分が短かく、前の部分と同格になっている場合は、それほど問題がない。

反面にはこの問題にあらわれた野党（社会、民社両党）の追及には、じつは本国会での一つの弱点が露呈されていたことも否定することができない。（雑誌）

それが同時に支配者——領主とその家臣団——と農民との階級的な生産関係の総括をなす。（雑誌）

しかし、次の例文のように（　）の中が長くなると、初めの例と同様、読みの過程は中断される。

分離課税とされる土地などの事業所得や雑所得とは……不動産業者などが、①44年

1月1日（沖縄県にある土地や借地権などについては、47年4月1日）以後に取得した土地や借地権などを譲渡したり、同日以後に取得した土地などについて借地権などの設定をしたことによる事業所得や雑所得（土地などを国や地方公共団体、日本住宅公団などに譲渡した場合や、収用された場合、造成団地などを譲渡した場合、宅地建物取引業者が住宅の用に供されている敷地等を取得して譲渡した場合などで一定要件にあてはまるときのその譲渡などによる所得を除きます。）や②土地などの売買や交換の代理や媒介をしたことによる事業所得や雑所得（宅地建物取引業法に定める報酬をこえる場合の所得にかぎります。）です。

このような例では、（　　）の中を注にまわした方がよい。

　分離課税とされる土地などの事業所得や雑所得とは……不動産業者などが、①44年1月1日[注1]以後に取得した土地や借地権などを譲渡したり、同日以後に取得した土地などについて借地権などの設定をしたことによる事業所得や雑所得[注2]や②土地などの売買や交換の代理や媒介をしたことによる事業所得や雑所得[注3]です。

（注1）　沖縄県に……

（注2）　土地などを……
（注3）　宅地建物取引業法に……

次の——の使い方についても同じことが言える。

　あるいは、哲学史を「哲学者がたんに思想材料をもって仕事をし、それを思惟によって作り出されたものとして吟味もせずにとりあげる」といって、たんに個々のすぐれた哲学者の考え出した思惟体系の歩みとして見たら、問題点や立場の大きな転換——たとえば中世の哲学が大体において神の存在と信仰の基礎付けに問題の中心を持ち、近世には人間理性の独自性の主張とその構造の研究が中軸になっていたことがこれである。——をたんに偶発的な納得のいかないものとしてのべるにすぎないといったことではないだろうか。（雑誌）

この文をなおすには、——で包まれた部分をこの文脈からはずして全く独立の注にするよりしかたがない。おそらく、書き手は、問題を縦からも横からも考えたのだろう。人間の考えは横道にそれることもあれば、あともどりすることもある。だが、そうして得られた結論を文章で表現する場合は、その考えのあとをそのまま追ったような、ゴタゴタした書き方はよくない。それでは、考えをまとめるまでに書き手がなめた苦労、迷いを、もう一度読者におしつけることになり、せっかくの苦労が生きてこない。——でかこんだ部分は、実際には「大きな転換」のところまで来たときに思いついたのかも知れないが、それはひとまずおさえて、言葉の流れを追うべきだった。

言葉を選ぶ

▼ひとり合点

ただ自分だけの心覚えに書く時には、文章は必ずしも整っていなくてもかまわない。しかし他人に読んでもらう文章となると、話は別である。ことに相手が不特定の多くの人々となっている文章では——事務文書・商用文・新聞記事・レポート・広告をはじめ、文芸作品も、こういう性質の文章と考えられるが——自分勝手の言い表わし方は通らない。言葉の選び方からして、そうである。

相手は必ずしも自分の書こうとしている事柄に理解があるとは限らない。それなのに書き手の方は、これから書いていく先の先まで——と言うより、書こうとする全体を知っているから、つい相手のおもわくにおかまいなしに、筆が走りやすい。そこで、ひとり合点な書きぶりをしてしまう。たとえば、新聞の映画評の書き出しに、題名のように、七つボタンの予科練映画である。戦後、殺人罪を犯して出所した貞介が……

というのがあった。もちろん文法的には間違っていないし、内容も「予科練」という言葉になじみがないとしても常識でわかる。ただしこのままでは、殺人罪を犯したことが原因で出所したような感じがして、落ち着かない。もし「殺人罪を犯して□所した貞介」とあった場合なら、この□の所には「入」とあるのを期待するであろう。だから、この部分は書き手の筆が速く走りすぎたことになる。相手の心理の流れに目もくれない、このような書き方が、一つの文章の中に何か所も出てくると、ギクシャクして何とも読みにくい。そして書き手のひとり合点であるゆえに、なかなか御本人には気づかれない。先の文章の記者と思われるが、四日後の社会面にまたまた同じような悪文をものしている。

この映画は予科練くずれの青年が罪を犯して刑務所から出てくるところからはじまり、……

前の文章に比べると、「出所」で済まさず「刑務所から出る」に変えたあたり、心づかいは認められるが、今度もやはり、刑務所の中で罪を犯したため刑務所から追い出されたようだ。むしろ「罪を犯して」の五字を全く削った方がいい。すでに「予科練くずれ」と書いたのだから（念のため、接尾語的に使う「くずれ」の意味を、辞書で引いてみてください）、それに続いて「刑務所から出てくる」とあれば、「罪を犯し」て入所していた事は十分に読み取れる、原文より五字短くしてそれでよくわかるのに、まるでこれでもか、これでもかと親切の押し売りをして、かえって、とまどいをさせられるような文章である。

今述べたことからも、わかりいい文章に書き改める時の一つのコツが見てとれると思う。これが悪文である根本の原因は、書き手のひとり合点にある。「出所」というような漢語を使った所にはない。だから、そのひとり合点を改めない限り、幾ら用語をくだいても、読み手の心理のひっかかりは救えない。むずかしい言葉を避けると、とかく文章が長たらしくなる。簡潔ということも、達意の文章を書くうえで大切な心構えである。今の例の場合、「罪を犯して」を削って、すっきりした。ということは、書くべき内容に整理が行き届いたということである。紙に向かって筆を執った時には、まだ頭の中のアイディアは全体としてのモヤモヤした姿があるばかりで、細かい所まではっきりした形をとってはいない。それを整理する努力をしないで、心に浮かぶイメージをただ書き連ねていくと、どうしてもひとり合点に陥る。

エルマンケ山が、三千四百フィートの雲間に高くそびえているが、絶頂に立ってみると、ふもとまで密林で、まるで絵に見るようなすばらしい壮観だった。（雑誌）

なども、いきなり立脚点がふもとから山頂に飛び移るので、とまどってしまう。「が」で連ねず、せめて「……ている。山上に……」とでも、二つの文に分ければ、幾分か救われよう。（この文には「すばらしい壮観」のように、まだ手を入れてしかるべき所がある。）

著名な相撲評論家の相撲評に、これは初代若乃《わかの》花《はな》のことだが、

若乃花は大きな出羽錦に双差しの十分となった。だがそのためかえって出羽に引張り込まれ、その巨体の活用に完敗してしまった。（新聞）

若乃花が小兵だと知らずに読むと、どちらが巨体なのか混乱する。また若乃花が「完敗し」たのは、出《で》羽錦《わにしき》に対してであって「巨体の活用」にではない。「その」以下を、「相手の巨体の逆用もならず、完敗してしまった。」としてはいかが。あるいは「相手の巨体の

逆用に失敗してしまった。」

稀に睡気を催すことがありますが、投薬を続けているかまたは減量することにより消失します。

という、薬の注意書きの「投薬」は、読み手（服用者）の立場を忘れた用語である。

小売御遠慮願ひます。

これは卸問屋の店先のはり紙。「小売」と「願ふ」とは店の側からの言い方、「遠慮」は客の側に立っての言い方。「小売はいたしかねます」とありたいところである。客の側からに統一すれば「小口買は御遠慮下さい」となろうか。しかしこれでは押しつけがましい。

▼「ように」の使い方一つでも

以上に引いた例は悪文だとしても、意味が紛れてしまって困るというほどではない。ところで、内容の整理を十分にはせず不用意に書き流すと、よほど書き手に親身になって読まなければ、意味が紛れる場合が出てくる。

次の文章は、言語に関心のある者なら誤解をしないけれども、言葉づかいとしてはやはり問題である。

> 発音と表現とのへだたりが大きいと、学習負担を増す。一方、同じ形が異なる語を表わすのも、学習負担になる。かな書きの場合、現代かなづかいによるものは旧かなづかいほどではないが、例えばコウリのように「小売り」か「公理」等か区別できないものもある。ローマ字の場合には、フランス語のようにスペルと発音のへだたりがないから問題はない。

最初の「ように」と二番目の「ように」とは使い方が違っている。接近した所にこういうことがあるので、混乱する。さらに、論旨の整理も行き届いてはいない。最初の「ように」のすぐ前の「ほどではないが」から予期しやすいのは、旧かなづかいでは例にあげたコウリのたぐいの語の組が、現代かなづかいによる場合よりも多いということである。しかし事実は違う。ここで筆者が取り上げているのは、発音と表現とのへだたりの方で、つまり引用部分の第一文に関する事柄であって、第二文に関する事柄ではない。「例えば」

から「ある」までは後者に言及し、そして次の文では再び前者を話題にする。このような流れは、予備知識の乏しい読者を迷わせるばかりであろう。

さて、二番目の「ように」は、仮に近くに最初の「ように」の表現がなかったとしても、これはまずい。なぜまずいかを考えよう。

あなたは花のように美しい。

という文を誤解する人は、まずあるまい。ところで、これを否定文にしてみる。

あなたは花のように美しくない。

これも大概の人は「花が美しいようには、そうはあなたは美しくない」ととる。よもや「花が美しくないと同様にあなたも美しくない」の意味だとは考えまい。理屈から言ったら、あとの方の解釈だって成り立つ余地がある。つまり「xはyのようにAだ」という表現の内容は「yはAであり、かつxもAだ（その点でxとyとは似ている）」というのに等しい。（もちろん、ここでは細かいニュアンスは無視しての話。）この打ち消しには、少なくとも次の二つの場合がある。

(ア)　yはAだが、xはAとは言えない。この点でxとyとは異なる。

(イ)　yはAでなく、xもAでない。この点でxとyとは似ている。

「あなたは花のように美しくない」と聞いて、それを(ア)の意にとるのは、われわれがだれも「花は美しいものだ」という前提を認めているからである。こういう自明の理が共通の地盤としては期待できない時には、混乱が起こる。たとえば

太郎は次郎のように利口でない。

になると、読み手が太郎や次郎について予備知識を持たない（文脈によっても予備知識が与えられない）場合、

(1)　次郎は利口で、太郎はばかだ。

(2)　太郎も次郎と同じくばかだ。

(3)　太郎も次郎も利口だが、太郎の利口さは次郎に劣る。

等の解釈のどれを選ぶべきかは決まらない。

だから「ように……ない」という表現は、自明の理が予期できない以上、なるべく避けた方がいい。念のため(1)―(3)に当たる、紛らわしくない表現を示してみよう。

(1)　太郎は次郎と違って利口ではない。

(2)　太郎は次郎と同様利口でない。

(3)　太郎は次郎ほどには利口でない。

先の引用文で、学校文法の説くところに従えば「フランス語のように」の係る先は「ない」にならざるを得ない。そうすると、フランス語にもこのへだたりがないという意味になってしまう。それでは筆者の意図と反対だ。（私は現行の学校文法なるものに幾つもの異議を有するが、今は別問題である。ただし文法に即して解釈が進められるような文を書くことには努めたい。）今の場合、「フランス語（など）とは違って」と書けば、紛れは防げた。

「ように」が出たついでに「ようだ」について一言。学術報告などで、しばしば観測の結果は次のようである。

と前置きしてデータを掲げたものに出会う。これは「次のごとくである」という文語的な言い回しを避けたのであろうが、

ぼくはかぜを引いたようだ。

などを連想するせいか、推測を表わしているように受け取れる。「ような」「ように」という形では例示にも用いるけれども、終止形の「ようだ」や「ようである」の場合には例示として使わないのが普通である。そこでこういう場合には、

観測の結果は次のとおりである。
次のような観測結果を得た。

などとする方が自然である。

▼引っかかるつながり方

話がちょっとわき道にそれたが、文筆業者の文章でさえ、マスコミに追いまくられてか、整理の行き届いていないものが多い。

　マロニエのなみ木がならんでいます。（雑誌）

並んでいない並み木がありますかと言いたくなる。「馬から落馬する」「途中で中止する」が同類の例である。「被害をこうむる」「犯罪を犯す」なども、これに近い。もっともこれらは「被害がある」「害を受ける」「罪を犯す」とすると、ニュアンスが変わってしまうので、ちょっと困るが。前に引いたエルマンケ山の「絵に見るようなすばらしい壮観」などは、ぜひ、やめにしたい。「馬のマグソ」というに等しいし、第一この部分全体が型にはまった表現であって、ただ一語「壮観」と書くのと何の変わりばえも無い。

　過去七年間禁じていたブルガリアへの旅行禁止を緩和した。（新聞）

「禁」が二度出てくるので、混乱する。これも書き替えにくい例だが、「……七年間続けていた……」とか「七年間の厳禁であったブルガリア行きを幾らか緩めた」とか改めることが考えられる。次の例は、水道管が破裂したという新聞報道の末の所であるが、

目白署では、……過失によるいっ（溢）水侵害の疑いがあるのではないかと関係者から事情をきいている。

傍線を引いた部分は「疑いがあるとして」で十分。なぜなら「疑いがある」とは「……ではないか」と同じ事だから。

あすは薄曇の見込みでしょう。（放送）

という天気予報も、全く同じ型の重複である。

発見されてから二日以上も経ってゐる上に、梅雨期の蒸し暑さで半ば腐蝕しかかってゐるその屍体からは……（雑誌）

ここでは「半ば」か「かかる」かのどちらか一方が必要ない。(死体に「腐蝕」も変だ。)ふだんの会話でも「ちょっと……過ぎる」というのを、われわれはよく使う。「……過ぎる」では強過ぎるから「ちょっと」でやわらげるのであろうが、考えてみれば変な言い方である。重宝なだけにやたらに使われるが、相手に「どう、過ぎるのだ」と開きなおられた時の万が一のため、自分が言ったことの責任をのがれようとする態度も、感じられる。

結婚披露宴で司会者なる者が、よく

新郎新婦の入場を盛大な拍手で迎えたいと思います。

と言う。私がヘソ曲がりなのか、「それなら、思うやつだけ拍手しろ」という気になる。「盛大な御拍手でお迎え下さい(ませ)」と言うべきだろう。それが押しつけがましいと思うなら「盛大な御拍手でお迎えになっていただきとう存じます」でもいい。「迎えたいと思う」のは、極端に言えば来会者とは切り放しても成り立つ、司会者個人にかかわる態度表明である。それを全員の意思かのように言うのは、それこそ押しつけがましい。

不用意に書き流して(あるいは言葉の意味をきちんとつかんでいずに使って)反対のこと

を言った結果になるものがある。

だが、彼には私の不服が解しかねない様子である。（新聞）

吉田首相は予算委員会に出席できかねないムネ返答しました。（放送）

以上の例は、まずもって不注意による乱れであろう。不注意なら、書き手が注意して読み返せば直せる。だが、書き手自身それでいいと思い込んでいて書いたものは、どうにもならない。

西園寺は、だから技術的に杉浦より有利に立っているといえる。（雑誌）

「優位に立つ」のうろ覚えか、覚え違いかであろう。

一呼吸するごとにチェスマンは体をこわばらせたが、刑務所の係員の話だと、彼はガスを吸い込んだとたんに意識を失っているはずであった。なごやんだ表情……十時八分頭が突然前に垂れた。（新聞）

獄中でベストセラーを書き有名だった死刑囚の最期を報ずる新聞記事だが、「なごやむ」は「なごやか」と「なごむ」との混同による、記者氏の新造語。このような新語は、ふやすには及ばない。

　それまで大陸関係の会社の渉外関係の或る部面の責任者だったのさ。あんたね、権力というものは恐しいものですよ。……つくづくその恐るべき力というものを嚙まされてきましたからね。（雑誌）

「一発かます」などの気分と通ずるものをねらった表現ではあろう。しかし、あっちこっちで、こんな表現に大手を振ってまかり通られては、かなわない。

　また高校生の小説にこんなのがある。

　水田の中央まで這った卯吉は、そこでのそりと泥に脚を踏ん張って右手の血のこびりついた刃を胸部に鈍い破音を造ってつき立てると後へずてん返しにぶち仆れながら、それを引っ張り取って今度は喉笛に両掌の力を込めて幾度も引き抜きなおし、最後には首の後へぬるりと突き通した。

自己陶酔して書きなぐっている文学少年の姿が、ありありと目に浮かぶ文章である。「破音」とか「ずてん返し」とか勝手な造語のことはおく。また行文のつたなさにも目をつぶろう。しかし、背のびをした文章でなければこうまではなるまいと思われる、幾つもの変な連ね方がある。「中央まで」と言えば「這って行った」であろう。「力を込めて幾度も引き抜きなお」すのも、おかしい。「両掌」はリョウテと読ませるつもりに違いないが、「掌」はテノヒラである。刃物で喉を突く時、力がはいるのは手のどこか、この作者は一向考えてもみなかったらしい。「のそり」と足を踏ん張ったり「ぬるり」と首の後に刃物を突っ立てたり（どんなかっこうか、イメージを結びかねるが）、何としても言葉づかいの習慣を知らないようである。

お手本は、ある傾向の小説家の文章であろう。なるほど悪文の魅力というのも、ないことはない。しかし次の一節で、二番目の段落の所は、作家が命をかけても守る「文体」の名に価しようか。ただ乱脈な用語法の連続としか感じられない。

女は黙ったままだった。が、体だけが、懸命に応えていた。応えながら女はかばうようにずれている蒲団を二人の上へ直した。

彼の掌の触感は彼が満たされようとしているものをその輪郭にそっていつまでもきりなく伝わった。それは、顕かに彼の今まで自ら知れぬ焦燥の一部分であった。（雑誌）

小説界の大御所と言われる人にも、次のような文章が見つかる。

ぶつかるやいな、とッさから激突だった。追ッつ追われつだ。新田勢も鎌倉勢も、いきなりどうしてこんな形相となったものか。

「とっさ」というのは、こんな使い方をする言葉ではないはずである。また「ぶつかるやいなや」が慣用の言い方である。なお「ぶつかる」と「激突」とが重複している。「形相《ぎようそう》」は人の姿や顔つきについて言う言葉ではないか。「追ッつ追われつ」も、ここの戦闘状態の描写として適当かどうか。

こうした表現の乱れは、相手にわかるかどうかよりも先に、書き手が自分の気分や感覚におぼれてしまうところから、出てくるのではあるまいか。

▼無知か、慣用の無視か

よくは知らない言い回しを、気分的に使ったり、学をひけらかして書いたりすると、とんでもない結果になることが多い。アナウンサーが、大にぎわいを形容して、「門前ジャクラのさま」と言ったそうだが、これは当然「門前市《いち》をなす」でなければいけない。「雀《じゃく》羅《ら》」はスズメを捕える網、「門前雀羅を張る」は、その家を訪れる人も絶えてないことである。週刊誌から拾った次の二つの例なども同罪である。

異色喜劇「貸し間あり」は、フランキー堺が「愛妻記」、「私は貝になりたい」以来の喜劇ものだけに、魚を得た水のごとくに、大張切りで、撮影も急テンポ。

もちろん「水を得た魚」が正しい。ついでながら「フランキー堺が」は「大張切り」にかかるのだろうから、それなら「が」の下に「、」を打ってもらいたい。

「絶対潔白です。神に誓います」とはいいきるものの、何も関係がないという証拠もない。これではぬかみそに釘という筋書きだ。

ヌカだってヌカミソだって手ごたえがないのに変わりがあるものかという理屈はつくが。なお「ぬかにくぎ」とか「のれんに腕押し」とかいうのは、こちらが強い態度で出ても、相手がグニャグニャしていて、たよりがない時に使うものである。

　ある新聞のコラムに、国鉄の財産払下げ問題を取り上げ、衆議院決算委員会で、これには汚職のにおいがするとの発言があったことを述べたのに続けて、

　この発言がもし事実ならば、一時はクビの座にすわらされながら世論の支持で再任された××総裁にとっては、まさに千仞《じん》の功を一簣《き》に欠くものといわなければならない。

表外字の使用をつとめて避けている新聞で、わざわざ「仞」や「簣」を使ったこの記者氏は、多分右の成句の意味を正しく知っているのだろう。汚職行為と疑われることをしでかしたのが九仞の功を一簣に欠く結果になるというなら、話がわかる。だが、ここの行文では、決算委の攻撃的発言によって、××氏にけちがつく結果となったように読める。記者氏が、もしそういうつもりで書いたのなら、成句の形の上では前二例と違って正しくても、

やはり使い違いだということになる。それともまた、もともとは、自分より劣る人の言行も自分の知徳をみがく助けとなる意味だった「他山の石」を、今日では「前車の覆《くつがえ》るは後車の戒め」に近い意味で使っているように、ここでも意味の転用を企てたのだろうか。

「東京サミット」と呼ばれた列国首脳会議の期間は、過剰警備が話題になるほどで交通規制も強かったが、それが終わった翌日のテレビニュースに、都心の某デパートでの朝礼風景が出た。その訓示に、

　世間を騒がした東京サミットも終りましたので、日商〇〇円を目ざして（下略）

この「世間を騒がす」は、文字どおりには右の使い方を許すようだが、やはり慣例にそむいている。（訓示をした人の心理としては、お盆に近いかき入れ時に客足を抑えられたのだから、つい本音が漏れたのかも知れないが。）

慣用のある言い回しの一部分を、慣用とは違う言葉で置きかえるのと似たことが、単語についても行なわれる。そういうたぐいは漢語めかした形に多い。ためしに食べるのは「試食」。それでは泊まる時は？　交通公社の時刻表の広告に、

是非一度御試泊を。

熱心な農業家は「篤農家」。そこで、大日本山林会の機関誌に「篤林家」が登場する。また次の例も、もし「味読」の誤植でないとすれば、やはりこの型の無理な造語ということになる。

注解においては、専門外の一般読者が高校程度の学力を有する限り、遺憾なく古典を味識し得るまでに読解上の一切の障碍を除き去ることを期した。（広告）

スポーツ関係では、これがはなはだしい。「強豪」だけでは間に合わなくて「大豪」、その上に「巨豪」があり、「古豪」の中に「新豪」が立ちまじる。書き手自身、意味がわかっているのかなと思うでたらめぶりは、スポーツ週刊誌などに幾らもある。たとえば

ナインが全力をふりしぼって負けたのだったら決して責苦すべきではない。

「責《せ》め苦《く》」なら別の意味である。

ナイン総全力がいかに大切であるかを……

ましてや、巷間には、阪神の不振から活生した監督の更迭をめぐる噂話も一つ二つ出ている。

突貫的なナインの闘志が、長打の山を積み重ねる原因となっているのだ。

突撃・突貫（吶喊《とっかん》）からの文章のあやで、「死体の山を築く」の代わりに「長打の山を積み重ねる」と持っていったのだが、打たれたボールが一か所に落ち重なって山になるわけでもあるまい。

▼あまりにも感覚的

押えるべきツボを押えもせず、「アアあれだァッ」というような調子で書き流す態度を改めなければ、悪文の根を絶つことができない。知ったかぶりも、わざわいのもと。

元来、高目の速球は絶対に禁止されているコースである。わずかボール一個分の高さ、つまり三センチ、ピッチングを誤まれば本塁打される確率が高いからである。杉下は逆もまた真なりの鉄則に考えつき、中西、豊田たちが、まさかと思っていた高目の速球で勝負、ついに日本一の地位をかちとった。（雑誌）

学校時代に習った幾何や代数の定理の、場合によっては添えてある「逆もまた真なり」を、確率だの何だのという講義調の文章の中に差しはさんでみたかったのだろう。しかし原命題の逆は必ずしも真ならず！　逆もまた真なりという鉄則など、ありはしない。ここの原命題は「わずか三センチほど高く流れた速球は、本塁打をくらう確率を増す」だから、その逆命題というのは「本塁打をくらう確率が増すのは、わずか三センチほど高く投げられた速球だ」であって、ここの論旨とは全く縁がない。せっかくの学もお役に立ちませんでしたねというところ。論理は、気分的な感覚の問題とは別の事柄である。理論的に論じたければ、もっと細かい吟味を経た表現が必要になる。ここは「打者の心理の裏をつき」ぐらいにする方がよく、またその方が正確な表現でもある。学術語を使うのは、たといそれが比喩《ひゆ》の場合でも、いちおう定義を押えてからにしてもらいたい。

よく

インフレは幾何級数的に進行した。

というたぐいの表現を目にする。これも多くの場合には「急激に」ぐらいの意味で軽く使っているようである。グラフを描いた時、急激な増加の一途をたどるのは、何も幾何級数（等比数列）に限ったものではない。おれは数字に弱いんだなどと言わないで、等比数列とはどんなものか、思い起こしていただきたい。「的」がついているから何もそんなうるさい事を言わなくたっていいじゃないか——と反撃されそうであるが、文化のために困るのは、皆がそんな感覚的な使い方でこの語をすり減らしてしまうと、本当に等比数列で近似してよいことを主張している文章でも、その書き手の真意が伝わらなくなってしまうことである。

　先の野球の例文で、ちょっとわき道にはいるが、最後の所の「かちとる」にも注意してほしい。これは「会議を持つ」と共に、戦後、労働組合から広まった言葉であろう。もちろん以前はカチエル（獲）と言った。語原は「勝ち得る」だと思うから、その「得る」を「取る」にかえたカチトルも、闘争の結果として得た場合には、あながち変な表現とも言えまい。しかし

　　美空ひばりが勝ち取った人気（雑誌）

というのは、どうもいただけない。まさか江利《えり》チエミや雪村《ゆきむら》いづみと戦って勝ったというつもりではなかろう。ひばりファンから得た人気だとすれば、（ファンを多数つかんだ点には他の歌手との競争もあったはずだが、それは別の事）おだやかな表現ではない。書き手はむやみに勇ましく、気分的に「勝ち取る」としたのであろう。ここを「奪った人気」としてみれば、落ち着きの悪いことがはっきりする。

　さて話をもとにもどそう。とくに旧制中学を経た人にはそういう思い出があると思うが、「森岡はチビだな。三浦の同類項だ。」などと言って喜んだ人があろう。新しく覚えた学問的な言葉を使ってみる誇らしさ——そんなものがここには働いている。こういう気分は大人になっても心のすみに残っている。

「うり二つ」というより「同類項」と言った方が新鮮に感じる。同じ比喩をとるにしても、科学用語によれば何となく知的に思われる。たとえば

　……東大入学を何か光栄の一部を浴びたかのごとく錯覚させてしまったのである。

　……もちろんその光源は法学部にあった。（雑誌）

の「光源」がそれ。「光栄」との対比の上でも、まことにすわりがいい。しかし、うかうかといい気持ちで使っていると、とんでもない間違いをしでかす。この文章のもう少し先の所に、

　そのために法学部から流れ出た光を、もっともはえない文学部もまた再反射して、値打以上の畏敬を獲得しなかったとはいえない。

とある。「光源」にゆかりの「反射」を使ったのはいいが、法学部が光源で文学部がその光栄のおすそわけにあずかったのなら、それは「再」反射でなく、第一回目の反射ではないか。ちょうど、電車にバスがぶつかり、それにまたトラックがぶつかった時、以前は新聞もよくやった「三重衝突」——あれと同じ型の間違いである。感覚的な、あまりにも感覚的な言葉の使い方と言わなくてはならない。

　もちろんその極く一部分の社会が、日本の経済の中に占めている比重も大きいし……

……（雑誌）

ある物質の質量と、それと等体積の標準物質（普通は摂氏四度の水）の質量との比を「比重（specific gravity）」と言う。右の例では、その「標準物質」に当たるものが何かはわからない。ここは「重み（weight）」と書いておけばよい所である。

〝新しい日本画〟つまり洋画とさして変りのない発想・技術のものばかりだが、数は力、力は正義なりの方程式どおり、一般観衆もこのごろ不思議がらないようになった。（新聞）

しかし方程式は、未知数のある特定の値だけに対して成り立つ等式である。一般法則をさす比喩としては「恒等式」か「公式」かを選ぶべきである。

そして初めから、ものを考えるということに恐怖症をいだいているのではなかろうか。（雑誌）

「恐怖症を起こす」と「恐怖をいだく」とが、こんがらかってしまった。

　大東京の建設、国際首都の建設、近代交通網の建設などをおもな命題としてやって
ゆきたいと考えています。（新聞）

「大東京の建設」うんぬんは決して命題の形をとってはいない。恐らく「テーマ」のつもりであろう。テーマに当たる日本語は「主題」「題目」だから、この「題」の字に引きずられて「命題」が飛び出したものか。

　このほか「同義語」とすべき所を「三井は富豪の代名詞だ」とか、「修飾語」とすべき所を「広義植民地のように広義という形容詞を冠し」だとか、このたぐいには切りがない。次の例の初めの方の「主語」も「単語」とあってほしいもの。

　とうとう、僕は何か彼岸的な理想、或は体系的な理想、そういう輝やかしい旗標を持たないのです。青年という主語はそれが昔から通用してきた意味と響きではとても僕の主語に使えない。（雑誌）

二番目の「主語」はそれなりに表現効果を持っていると思うが、次の例の「サイクル」はどうであろう。

> 山川―福本―野呂・宮本というサイクルは、日本共産党の知性のサイクルの原型であって、それは、異質の歴史的条件のもとではあるが戦後も再現されたように思われる。すなわち、純粋戦後派の占領下革命論―講和段階の民族解放民主革命説―独占段階の党章草案の見解というサイクルである。
>
> 日本共産党の知性のサイクルの原型は、つぎの条件のもとで生じた。……それ以後の戦後におけるあのサイクルの再生産の出発があったのである。
>
> 日本における左翼知性のサイクルは、けっきょくのところ、……（雑誌）

雑誌の一ページにも満たない範囲に、こうサイクル、サイクルと並べられては、うるさくてたまらない。引用の最初の所の「サイクル」はともかく、残りの「サイクル」は削るか、別の言い方をするかで十分済むのではないか。比喩としても、さほどきいてはいないと思う。とくに「日本共産党の知性のサイクルの原型は」では「サイクルの」の五字を削った方がすっきりする。この文章の書き手自身、「サイクル」を重ねていった先の方で、「日本共産党の知性のパターン」と書いている。右の引用文など、知性よりも感性におぼれた書きぶりに思われる。

▼イメージがちぐはぐ

ムード（フィーリング）に押し流されるとは、日本人の文章の批評に決まって言われる文句である。ムードを主に立てるべき場合でない文章をムードだけで書くのも困るが、ムードを貫いていい場合に、ちぐはぐなイメージしか与えない文章も、気色が悪い。ある随筆に、こんなのがある。

> 軽井沢の雨に湿った村道を、春なにがしという古雅な名前の、そして名前にふさわしく老いさらばえた古典的な馬に乗って、ぼくが走って行くと人びとは叫び立てながら逃げまどい、馬はたけっていななき、ぼくの耳の両わきを風や樹の葉が、うなりながらとびさっていった。

これに続けて、そのぼくを見かけた友人が呼び止めたけれども、どうにも馬の方が止まらなかったと述べたあと、

> その後、三ヶ月たってE君から電話があり、馬からうまく下りられたかどうか、問

いあわせてきた。ぼくはその時、自分が今なお馬上ゆたかに疾走しながら、死にものぐるいで受話機をにぎりしめているような、さしせまった感情にとらえられたものだった。

全体としては、ある種の気分をただよわせて、それなりに面白い情景を描いているとは思う。しかしこの言葉の使い方にはやりきれないものを私は感ずる。古雅な古典的な名にふさわしく老いさらぼった馬が、荒れ狂って疾走するというのは、ちぐはぐで落ち着きが悪い。その落ち着きの悪さは、一つには構文法にもよっているし、他の面では言葉の選び方にも根ざしている。構文法によるというのは、こういうことである。読者の皆さんにも恐らく経験があると思うが、

ナポレオンはなぜ赤いズボンつりをしていたか。――ズボンつりをしなければズボンが落ちてしまうから。

という、あの問答を思い出していただきたい。この問い方は、正答(?!)に対しては明らかにはぐらかしである。「赤い」とわざわざ断われば、だれだって黒や白や黄やでなく、

赤い色を選んだ理由を尋ねられているのだととる。これと同じことで、古雅な名の老いさらぼった馬と読み進んできたのだから、ここまでの文脈で、読み手は当然ある種のイメージを持ち、それに応じた事柄が述べられるだろうと予期する。突如として、読み手にとっては全く突如として、馬が荒れ狂い、物皆がうなりを生じて飛び去るのだ。書き手どころか読み手もロウバイせざるをえない。意外な結末というだけなら、それは文章の効果でもある。しかし読み手をうろたえさせるのは効果でも何でもない。ここには二つの事実がある。彼の乗った馬が疾走したこと、これが一つ。もう一つは、その馬が春なにがしという名であること。この一見両立しにくいような二つの事実が結びついた点に、書き手は興味を持ったに違いない。それなら「……ぼくが走って行くと人びとは……」などという、なだらかな続け方でなく、もっとこの二つの事柄が対比的になるような書き方をすべきだった。「そして名前にふさわしく老いさらばえた古典的な」の部分が、ナポレオンのズボンつりの「赤い」に似た、はぐらかしの原因になる。「と」という接続助詞を選んだこともまずい。

さらに、これは「古典」についての感じ方の違いになるかも知れないが、古典的とは老いさらぼった感じのことかと、作者にきいてみたくなる。感じは人によって違うのもやむをえないが、春なにがしという名を古雅だとするのは自然だとして、それがなぜ「名前にふさわしく老いさらばえた」となるのだろう。正確に何という名だったかは書いてないし、私は馬の名づけ方にくわしくないから的はずれかも知れないが、たとえば「春霞　春風　春雨　春錦　春の戸　春日影　春柳」などでは、余り老いさらぼった感じがしない。この辺「古雅」とか「老いさらばえた」とか「古典的」とかいう言葉を、無造作に使ってはいないだろうか。

もっといけないのは、そして感じ方の相違だと言っては済まされないのは、「自分が今なお馬上ゆたかに疾走しながら、死にものぐるいで受話機をにぎりしめているような、さしせまった感情にとらえられた」という所である。「馬上ゆたか」というのは、たとえば「春風ニ意ヲ得テ馬蹄疾《はや》ク、一日《じつ》　看《み》尽《つく》ス　長安ノ花」という、進士の試験に及第した孟郊《もうこう》の馬上姿のようなものをさし、また田原《たばる》坂で御存じの「めてに血刀、ゆんでに手綱、馬上ゆたかな美少年」というような場合に使うはずの表現である。サッソウとして馬の首にしがみついていたなど、何ともはやコッケイではないか。

この作家の、先に引いた文章の用語法が新味を出そうとしたものと言うなら、表現の新しさというのは、言葉づかいの普通の約束を破る所に求めるべきではないと答えよう。言葉よりそれに盛り込まれる内容の方が大切だ——これは全くその通りである。しかし、どんなに立派な内容も、それを表わすのに適当な言葉づかいがしてなければ、伝わらない。

はなやかな文章を書くかどうかは、書き手の好みの問題だから、一概にこれをとがめることはできない。しかし、イメージの統一には気をつけてもらいたい。総合雑誌の編集後記に、

満州事変からシナ事変へ拡大する過程におきた五・一五や、二・二六の軍部クーデタ、……。……現地軍の意向にひきずられて拡大につぐ拡大を追認し、遂には国民を悲惨な八・一五へと追いやったものは……

一種の美文調である。だが、八・一五が悲惨だというのは、日本が負けた日だからかと、あげ足を取りたくなる。「悲惨な敗戦」と「悲惨な八・一五」では、形は似ていても大きな違いがある。この程度の現実認識ができないようでは、進歩陣営の名に恥じなければなるまい。この書き手は、五・一五、二・二六という畳みかけにすっかり酔ってしまったものと見えて、あとの所でも、

八月一五日を二度来させてはならない。

と書いている。右翼のプロパガンダならそれでもよかろう。二か所目の八月一五日は、一二月八日に改めるべきである。（「シナ事変へ拡大する」も「へと」か「に」にしてもらいたい。）

　この記者にしろ先の作家にしろ、言葉がうわすべりに過ぎる。言葉の選び方には、もっと慎重さが必要である。そして、そのことはただ作文の技巧の問題だけにはとどまらない。書こうとすることの掘り下げが足りないか、または整理がついていないか、結局、書き手の心構えと考えとが確かかどうかの問題にまで、さかのぼっていく。

敬語の使い方

▼皇室敬語の今と昔

昭和二十七年四月に国語審議会は『これからの敬語』というものを議決し、これを文部大臣に建議した。これは、一般国民の日常の言語生活における最も身近な問題として敬語の使い方を取り上げ、それについて今後どうあるべきかという方針を示したものであって、これが今日の敬語の使い方の一つのよりどころとなっている。『これからの敬語』の冒頭には、四か条の「基本の方針」が示されているが、その第一に、次のような記述がある。

これまでの敬語は、旧時代に発達したままで、必要以上に煩雑な点があった。これからの敬語は、その行きすぎをいましめ、誤用を正し、できるだけ平明・簡素にありたいものである。

戦前の敬語の使い方がどんなに煩雑なものであったか、また、戦後は、それがどのように平明・簡素化されたか、その実例を皇室に関する敬語にとってみよう。

次に引用する二つの文章は、上段が昭和八年、皇太子さま御誕生のおり、下段が昭和三十五年、浩宮《ひろのみや》さま御誕生のさいの、新聞記事の一節である。

御親子の御対面

御産殿に渡らせ給ふ

天皇陛下には鈴木侍従長より皇太子殿下御誕生の旨を聴し召され、龍顔殊の外麗しく新皇子が皇子室にいらせられた後、陸軍通常礼装を召され御座所より約一丁を隔てたる皇子室に親しく玉歩を運ばせられ、いと安らかに御寝遊ばされる皇太子殿下の御寝台間近に進ませられ、初の御対顔あり、御言葉こそなけれしばし御

皇太子さま　お子さまとご対面

〔前略〕（皇太子さまは）まず応接間で小林専任医らからご出産の経過を熱心に聞かれたのち、静養室に入られたが、産後の疲れで美智子妃はお寝み中だったため、赤ちゃんとだけお会いになった。むかしご自身の使われた小さなベッドの、純白のうぶ着に包まれたお子さまを見て「とても元気そう」とうれしそう。約卅分間おられたのち、いったんお文庫の両陛下にごあいさつに回

慈愛深き御まなざしを注がせ給ふた、続いて御産殿にわたらせ給ひ、皇后陛下に御対面、御慶びと御労はりの御言葉を賜はったともれ承る

られた。

帰り道、また立ち寄られて小一時間こんどは美智子妃のマクラ元でいたわりの言葉をかけられ「またいつでも来られるから」とお別れになった。

右の二つの文章の敬語の使い方を比較すると、両者の間にかなりの開きがあることに気づく。すなわち、

せたまふ（渡らせ給ふ、注がせ給ふ）
せられる（いらせられる、進ませられる）
御……遊ばす（御寝遊ばす）
御……あり（御対顔あり）

のような、旧時代に発達したままの敬語法は、現在ではすっかり影をひそめて、

れる、られる（聞かれる、かけられる）

お……になる（お会いになる、お別れになる）

といった、普通の言葉での尊敬の言い方が使われている。

また、上段には「龍顔」「玉歩」など天皇用の特別製の漢語が使われている。このほかにも昔は、

玉体　聖体　天顔　玉顔　宝算　聖寿　叡慮　宸襟

などの漢語が用いられたが、今の新聞を見ると、これらは、すべて

おからだ　お顔　お年　お考え

といった、普通の言い方が行われている。特に下段には

……お子さまを見て「……」とうれしそう。

という、敬語形ゼロの文まで現われているが、これなど、戦前だったらまさに懲罰ものである。

ともかく、今日では皇室敬語でさえ、このように〝平明簡素〟な方向に向かいつつあるのである。ところが、現在行われている一般の文章――たとえば通信文・広告文などを見ると、いまだに旧時代のままの煩雑な敬語を使っていることがある。先に述べた『これからの敬語』の基本方針の中に、

> 奉仕の精神を取り違えて、不当に高い尊敬語や、不当に低い謙そん語を使うことが特に商業方面などに多かった。そういうことによって、しらずしらず自他の人格的尊厳を見うしなうことがあるのは、はなはだいましむべきことである。この点において国民一般の自覚が望ましい。

とあるのも、そうしたことに対する警告であろう。ひとくちに〝平明・簡素〟と言えば簡単なようであるが、実際問題として、敬語を正しく適切に使うということは、なかなかむずかしい。ここでは敬語の使い方に関する〝悪文〟として、実際の文章の中から、敬語の

つけすぎ・敬語の誤用・敬語の不足・文体の不統一などの実例を拾い出して、検討することにしよう。

▼敬語の三種と、そのきまり

ひとくちに「敬語」と言っても、その中には働きの点でいくつかの種類があるので、個々の例の検討にはいる前に、まず、そのことをはっきりさせておこう。

普通「敬語」という名まえで呼ばれているものには、次の三種がある。

- (1) 話し手と話し相手との関係で変わる言い方……………………丁　寧
- (2) 話し相手には関係なく、話題の中の人物を話し手がどう待遇するかで変わる言い方
  - (A) 動作の主または状態の主を高めて待遇するための言い方…………尊　敬
  - (B) 動作の関係する方面を高めて待遇するための言い方……………謙　譲

この、丁寧・尊敬・謙譲の三種について、それぞれの法則のごく概略を示すと、次のようになる。

「丁寧」の言い方

(1)「ます」「です」「ございます」を使う。

〔例〕よく降りますね　高いです(注)　静かです　山本です　山本でございます

（注）形容詞に直接「です」をつけた「高いです」「大きいです」という使い方は、少し前までは、標準的な言い方として一般に認められていなかった。しかし、『これからの敬語』では、平明・簡素な言い方として認めている。「高い」「大きい」と「高うございます」「大きゅうございます」との中間に位置づけたわけである。

(2) 丁寧の意を含んだ特別の語を使う。

〔例〕ぼく　わたし　わたくし（「おれ」「あたし」などに対比して）　どちら（「どっち」「どこ」などに対比して）　いかが（「どう」「どのように」に対比して）

(3) 接頭語の「お」「ご」などをつける。

〔例〕お茶　お願い　お礼　ごほうび　ごはん

「尊敬」の言い方

(1)「れる」「られる」を使う。

(2)〔例〕先生が書かれる。先生が寝ていられる。

「お……になる」「お……なさる」「お……くださる」などの形を使う。（これは(1)の言い方よりも敬意が高い。もっと敬意の高いものとして「お……あそばす」の形もあるが、これからの平明・簡素な敬語のあり方としては、あまり望ましくない。）

〔例〕お買いになる　お受けなさる　お書きくださる

(3) 尊敬の意を含む特別の語を使う。

〔例〕いらっしゃる　おっしゃる　なさる　くださる　召しあがる　見える（「来る」に対比して）

〔例〕尊父　令息　令室　芳名　高著

(4) 尊敬の意を含む接頭語・接尾語を使う。

〔例〕お話　ご親切　み心　おみ足　父上　先生方　神さま　にいさん

「謙譲」の言い方

(1) 「お……する」「お……申す」「お……申しあげる」「お……いたす」の形を使う。

〔例〕お持ちする　お助け申す　お答え申しあげる　お読みいたす

(2) 謙譲の意を含む特別の語を使う。

〔例〕申す　申しあげる　いたす　まいる　うかがう　いただく　上げる　さし上げる　うけたまわる

(3)　謙譲の意を含む接尾語を使う。

〔例〕拙宅　愚兄　舎弟　寸志　粗品

〔例〕娘ども　せがれめ　一郎儀

以上が、敬語のきまりのごく大体である。これらの法則を標準的なものと考えたうえで、以下の個々の文例について、その適否を検討することにしよう。

▼敬語のつけすぎ

「お」のつけ方

敬語のつけすぎということで、いつも問題になるのは、接頭語の「お」あるいは「ご」の使い方である。とくに女性は一般につけすぎる傾向があって、

おたこ　おたい　おにんじん　おたまねぎ　おキャベツ　お大根

など、昔は絶対につけなかったはずの魚や野菜の名まえにまで、最近は「お」をつけて言う人が少なくない。特に、幼稚園や小学校の女の先生の言葉には「お」を乱用するきらいがあって、

お教室　おつくえ　おいす　お絵かき　お御飯

という言い方までできてしまった。ある幼稚園で、女の先生が園児のかけっこのスタートで、「お用意！　ドン」と言ったという笑い話さえあるくらいだ。

書き言葉においても、「お」の乱用はなるべくつつしむべきで、使わなければ失礼にあたる場合に限って使うよう、心がけたいものである。『これからの敬語』にも、特に〈「お」「ご」の整理〉という一節があって、次のように説明している。

(1)　つけてよい場合

(A)　相手の物事を表わす「お」「ご」で、それを訳せば「あなたの」という意味になるような場合。

〔例〕　お帽子はどれでしょうか　ご意見はいかがですか

(B) 真に尊敬の意を表わす場合
〔例〕先生のお話　先生の御出席
(C) 慣用が固定している場合
〔例〕おはよう　おかず　ごはん　ごらん　ごくろうさま
(D) 自分の物事ではあるが、相手の人に対する物事である関係上、それをつけることに慣用が固定している場合
〔例〕お手紙〔お返事〕をさしあげましたが　お願い　お礼　ご遠慮

(2) 省けば省ける場合
女性の言葉としては「お」がつくが、男子の言葉としては省いているもの。
〔例〕〈お〉米　〈お〉菓子　〈お〉茶わん

(3) 省くほうがよい場合
〔例〕〈お〉チョッキ　〈お〉くつした　〈お〉ビール　〈ご〉芳名　〈ご〉令息

右の(1)の(A)(B)は尊敬の言い方であるし、(C)(D)は慣用が固定しているから、「お」をつけることに問題はない。(2)は、これからの敬語のあり方としてはつけない方が望ましいが、お客に呼びかける商業広告文などの場合は、そう厳密なことは要求できないかもしれない。

それでは右の条項にてらしながら、実際の例文について検討してみよう。最初に掲げるのは、ある商社から販売店に出した通信文の一節である。

今回のお荷物にはサービス品としてジュニア一袋を準備いたしましたが……
お帰りの際の寝台券等お必要の場合は……
今回ご愛用者野球招待を実施いたすことになりましたから……

このうち「お帰り」は、前述の「つけてよい場合」の(A)にあたるもので問題はないが、他の三例は、いずれも抵抗がある。「お荷物」は、「つけてよい場合」の(D)に該当しそうでもあるが、慣用が固定しているかどうかは疑問である。つけない方が無難だろう。次の「お必要」は尊敬の言い方だから理屈の上ではつけてもいいわけだが、どうも「必要」という語に「お」はつきにくいようだ。(「御入用」とするなら落ち着く。)この場合は「お帰り」でもって、すでに相手に対する敬意が示せたわけだから、「必要」の上にわざわざ「お」をつけるにも及ばないだろう。「御愛用者」は、広告文などで最近よく見かける言い方であるが、やはり表現として落ち着かない感じがする。ここは、

今回愛用者の皆さまを野球にご招待することになりましたから

とても書きかえた方がいいと思う。

次の三例は、新聞広告から。

　お中元は夏を涼しくするお肌着を

　ところで、十二年目はダライ・ラマにとっては厄年でも、お利殖にとっては最良の年で、例えば○○銀行の自動継続定期をご利用になれば、利息がつもりつもって元金が倍になるのが、この十二年目なのです。

　この家に移ってきてすぐ○○○をぬりこんでおいたので、木が黒くならず、毎日のお手入れはカラ拭きで美しいツヤを保ってくれました。

「お中元」は慣用として認められるし、「ご利用になる」は尊敬の言い方だから、もちろんつけていい。しかし「お肌着」「お利殖」「お手入れ」などはつけない方がいい。

また、「お」に関しては次のような問題もある。

お体裁のいい〇〇〇のおふとん（店頭広告）

体裁がいいこと、つまり外見のいいことを宣伝文句にしたのだが、「体裁」に「お」をつけると特別のニュアンスが生じることを、この文の筆者は忘れてしまっている。「かれはお体裁ばかり言う男だ」「その品はお体裁はいいけれども」などの用例では、「うわべだけ」「ほんのかざりだけ」という意味になる。従って、右の宣伝文句は逆効果をきたすことになりかねない。

　こういう極端な例はそうたくさんあるわけではないが、一般に、ある語に「お」がつくと、

目玉→お目玉　勝手→お勝手　かんむり→おかんむり　三時→お三時　天気→お天気（者）　しゃれ→おしゃれ　流れ→おながれ　寒い→お寒い　めでたい→おめでたい（人間）

のように、意味が限定されたり、特殊のニュアンスが新たに加わったりすることが多いので、そういう点にも注意をはらう必要がある。

「お」の使いすぎ

一々の語の「お」のつけ方に間違いはないとしても、一つの文中にあまり「お」を続けて使いすぎると、読み手に、かえっていやらしい感じを起こさせることがある。ふだんは、いばってそっくりかえっているような人が、選挙に立候補でもしようものなら、たちまち、

　みなさまの御幸福な御生活をお守りすることをお誓いいたします。どうぞわたくしの微意をおん汲み取り下さいまして、清き御一票をお投じ下さいますよう、おん願い申しあげます。

のような言い方、書き方をするものだが、こういうのは、何となくわざとらしい感じを与えるものだ。この種の例は、広告の文章、特にデパートなどの広告文に時おり見受けられる。

　お値段につきましては、十分にお吟味させていただいていますから、どうぞ御安心してお求め願います。

ご贈答用品のお名入れ承り

「お名入れ」の贈りものは最近ますます人気者になってまいりましたが、ご商用など大量のご用命はなるべくお早目にお申越しのほどおねがい申しあげます。

果物野菜などのジュースをお作りになる時適当にお加えになりますと、一層栄養分を増しお《(ママ)》美味しくいただけます。

前の二つは「お」「ご」が続いて出過ぎる例、後のは「お……になる」という尊敬の言い方を重ねて使った例である。最後のを例にとれば、こういう場合、上の方の敬語形をやめて、

ジュースを作る時適当にお加えになりますと

としても、消費者に対して、敬意が軽減されるということは決してないのである。またもし、どうしても敬語形がほしいというなら、

ジュースをお作りになる時適当に加えていただきますと……おいしく召し上がれます。

のように、それぞれ違った敬語形を使ったほうがいい。

要するに、一々の語について「お」のつけ方を考えるだけでなく、文もしくは文章全体のバランスという点にも、注意を向ける必要があると思う。

敬意をもった特別の漢語

いちいち「お」「ご」をつけなくても、すでにその語の中に、尊敬または謙譲の意味を含んだ語がある。特に、漢語名詞にそれが多い。

尊父　令息　令嬢　令室　芳名　高著　玉稿　光来　来駕

などは、尊敬の意であるし、

拙宅　豚児　舎弟　愚弟　弊社　謹呈　寸志　粗品　薄謝

などは、謙譲の意である。これらの中には、すでに現代語の慣用の中に確固たる地位を占めてしまったものもあるけれども、元来は、旧時代の文語文、特に候文体の中で使われてきたものである。それだけに、現代の「です」「ます」調の文体の中に、この種の語が乱用されると、全体として非常に不調和な文章が出来てしまう。

何分にも御多端の折柄全国各地より御参集願うため前もって御諒承御予定を御願い申上げる次第にて、何卒万障御繰合せの上当日は各地区代表全員様の御来駕を得たく存じますので宜敷く御高含の程御願い申上げます。

銓衡試験を実施致し度く存じますので別紙要項御高承の上御推薦下さる様お願い申上げます。

毎々格別のご高援を賜わりましてまことにありがとうございます。

三例とも、ある商社の通信文から拾ったもの。最初のは、「お」「ご」「おん」の使い過ぎという点で前項で指摘したことにも該当する例だ。「御来駕」はともかくとして、「御高含」「御高承」「ご高援」などは、いずれも勝手に造語したきらいがある。後の二つは、それぞれ「御諒承」「御後援（支援）」よりもさらに敬意をこめようとしたものであろうし、「御高含」は、やまとことばの「お含みください」または「お含みおきください」を漢語に直したものであろう。こういう、慣用にない語形を新しく造語するということになると、単に用語が古めかしいというだけでなく、相手に対して、こちらの意図が正しく伝わらないということにもなりかねない。現代語の文章を書こうとする限り、この種の旧式の敬語をなるべく敬遠するようにつとめるべきであろう。

▼敬語の誤用

「お……する」は尊敬ではない

かつて、バスや電車の中で、車掌が

切符をお持ちしてない方はお切らせ願います。

というのをしばしば耳にした。「おカバンをお持ちしましょう」という言い方でわかるとおり、「お……する」は謙譲語であって、尊敬語ではない。従って、右の車掌の言い方は、お客に対して失礼にあたる言い方であって、正しくは「お持ちでない方」と言うべきところである。現在、敬語の誤用でいちばん多く目につくケースは、この「お……する」を誤って尊敬の言い方に使うことである。大新聞と言われているものでさえ、しばしばこの種のミスをおかしている。以下の四例は、浩宮御誕生のさいの、各社の新聞記事から拾ったものである。

美智子妃は……さすがに興奮のご様子が抜けきらないようでマクラもとに付き添う母富美さんとお話ししていることが多い。

美智子さんが娘たる資格において、母である富美さんに「お話しする」のなら謙譲語を使っていいわけだが、新聞記事としては

母富美さんとお話しなさっている

と尊敬の言い方を使うべきところだろう。

全国民の歓呼がこだまする中に、美しく清純な民間の女性とご結婚されたのは、昨年のさくら開く四月十日だった。

皇太子さまは間もなく宮内庁病院に行かれ、お子さまとご対面された。

美智子妃のご出産予定日は三月一日だったが、予定より一週間も早く陣痛を訴えられご入院された。

右の三例に見える「ご……された」（あるいは「お……される」）という言い方も、厳密には誤りと言うべきである。正しくは、「結婚された」「対面された」「入院された」もしくは「ご結婚になった」「ご対面になった」「ご入院になった」とすべきところである。

もちろん、通信文や広告文にも、こういうミスは多く見かける。

もとより、貴社が故意に御使用しておられるものとは考えられませんが、弊社登録に抵触の問題も生じますので、至急御調べの上適当の御処理にあずかりたく存じます。

「使用しておられる」が正しい尊敬の言い方だ。

○○の貸付信託でおふやしになってみてはいかがですか。五年で一・五倍に殖えるのです。ご主人もきっとご賛成です。早速ご相談してみて下さい。

「ご相談する」は謙譲語であるから、ご主人に対しては間接に敬意がはらわれているが、この広告文の当面の相手である奥さんに対しては、敬意がはらわれていないことになる。「ご相談なさって」もしくは「ご相談になって」とすればいい。

もの心つく四〜七才前後のお子さまが　音楽的環境の中で　大切な基礎を　やさしい指導法でお勉強すれば　だれでも豊かな音楽性を身につけることができます（広告）

「ご勉強になれば」または「勉強なさると」ならば尊敬の言い方になる。もっとも、その場合は、あとの「だれでも」「身につける」も、尊敬の言い方に直さなければ全体として不統一になる。ただし、こういう客観的な表現の場合は、全体を通じて敬語形をはずした形で記述することも可能であろう。

良い牛乳をより安く御愛飲していただけるようになりました。
ごく気軽にご利用していただくように努めております。

この「ご……していただく」という形も、最近の広告文にはよく見かける言い方だが、やはり抵抗を感じる。「ご……する」という謙譲の形と、「……していただく」という尊敬の形との組み合わせが変な感じをもたせるのであろう。また「御愛飲」という語も、しっくりしない言い方だ。それぞれ、「飲んでいただける」「お飲みになっていただける」また「利用していただく」「ご利用になっていただく」と改めたい。

なお、次のように「お……できる」という形を尊敬の言い方に使うのも問題になる。これは「お……する」の可能形であるから、やはり元来は謙譲の言い方なのである。

ご自由にお積立できる○○○積立

ちょっと手が出なかった高級品がお手軽にお求め出来ます

お一人で　気軽に　ご参加できる　新緑のバス旅行

取扱いは簡単で　だれにでも手軽にお掃除できます

以上、四例とも尊敬の言い方としては、「お積み立てになれる」「お求めになれます」「ご参加になれる」「お掃除になれます」とするのが正しい。

二重に使った尊敬語

一つの語形で十分に敬意が表せるのに、それを二つも三つも重ねて使うのは、やはり一種の誤りと言うべきであろう。ある敬語形を長く使っていると、いつのまにか、その敬意が忘れられてしまって、さらに別の敬語形を無意識のうちに加えてしまうことになりがちである。「お御飯」という言い方、あるいは「御芳名」「先生さま」などという言い方が出てくるのも、言葉の使い手の側にそうした心理がはたらくからであろう。戦後になって目につきだした尊敬の言い方に、「お……になられる」という形がある。現代語としては、「お……になる」というのが最高の敬意を表す形であるにもかかわらず、さらにそれに「れる」をつけ加えたものであって、これは明らかに誤用であると言っていい。次の三つ並べてあげたうちの、まん中のが、その例である。

本舗では特にこの点に留意して、厳重な衛生管理のもとに謹製しておりますので、
安心してお召し上りいただけます。

ですから毎日お続けになられますと健康が増進され、お肌も大層美しくなります。

お召上り方

ミルトンを六・七倍にうすめてお召し上り下さい。

「お続けになりますと」とすれば、それで十分な敬意が表せるはずである。なお、「召しあがる」という元来尊敬の意を含んだ語に、さらに「お」をつけることも、やはり間違った言い方である。それぞれ「召しあがっていただけます」「召しあがり方」「召しあがってください」のように改める必要がある。

その他の誤用

以上のほかに、誤用と思われる例を広告文から拾い出してみよう。

お子さまの夢を大きく育てる　これが○○○の保険です　なぜってそれは一日百円程の掛金で百万円もの保障を申上げるからです。

「保障する」に対する謙譲の言い方ならば、「保障申しあげる」とすべきである。間に助詞「を」がはいると、「保障を言う」に対する謙譲の言い方になってしまう。

月掛投資に便利な貯金箱を差上げております。お近の店に申込み下さい。

当方の編方見学一度拝見下さい。
詳細は案内書送れと申込下さい。

右三例とも、正しくは「お（ご）……ください」という形にしなければならない。なお、まん中の「拝見ください」は、お客に対して失礼きわまる書き方である。「ご覧ください」とすべきところを誤ったものである。

▼敬語の不足

当然、敬語を使わなければならない所に敬語形を落としたり、あるいは一つの文の中で、敬語の扱いに不統一があったりするのも、見苦しいものである。

敬語形の脱落

まず、例によって浩宮ご誕生の新聞記事から実例を拾ってみよう。

美智子妃は二十二日午後十一時ご陣痛をうったえられたので小林御用掛が二十三日午前零時二十分診療の結果、直ちにご入院と決定、午前一時五十分宮内庁病院に入院

　された。診療の結果ますますご出産の方に進まれているが現在は静養室で静が（臥）中である。（新聞）

美智子妃に関する事柄には、すべて尊敬の言い方が使われているのに、最後の傍線部のところだけが、そうなっていない。

　ご出産をまたれる皇太子殿下は……起床された。戸田侍従に「……」と聞かれ「……」とのお答えに、心持ち表情がゆるんだようだ。（新聞）

これも、右の例と同じく、最後だけ、敬語形がない。

　この二例のように、文末部の敬語形の脱落は比較的よく気がつくが、次のように文の途中になると、うっかり見落とすことが多い。

　美智子さまはすでに生まれてくるお子さまのケープやハダ着、くつ下などはほとんどご自分で作られ、なかでもガーゼのハダ着は皇太子さまが生まれた時に使った残りを皇后さまから贈られて縫い上げられていた。（新聞）

美智子さま、皇后さまに対して敬語を使うのなら、皇太子さまにも使って「お生まれになった時」としたい。（なお、敬語には無関係だが、はじめの「すでに」という修飾語の位置は、よくない。）

富美さんがしだいに陣痛が激しくなっていく美智子妃を元気づけている。（新聞）

これも厳密に言えば、「激しくなっていかれる」と、尊敬の言い方にしたいところだ。また、「元気づけている」も本来ならば謙譲の言い方にすべきところだろうが、この語は「お……する」の形にはなりにくいので、このままでもいいだろう。

間もなく分べん室のとなりの準備室で柏木婦長らが銀色のアシのついた金属のタライでうぶ湯を使わせた。（新聞）

他の方ではもちろん、浩宮に対して敬語を使っている。それなら、ここは「柏木婦長らが……うぶ湯をお使わせいたした」と謙譲の言い方をしたいところである。

天下の大新聞の記事でさえ、うるさく言えば、こんな問題が見つけられる。新聞や放送に毎日多量に現われる広告の文章にいたっては、この種の問題点は跡を絶たない有様である。

中でも「○○○の投資信託」や「割引債」「社債」へつづけてご投資くださった方々は予想以上の成果に、改めて証券貯蓄の有利さを、しみじみ味わいました。(広告)

文末部を「しみじみと味わって下さったことと思います」とでも改めたい。

敬語形の不統一

男子は脂ペッタリの髪から解放されてナチュラルなヘアスタイルを楽しめ、御婦人は疲れたお髪にシットリと潤いを回復して、波打つウエーブの魅力を楽しめる新形式の「若向き美髪養毛料」です。(広告)

これでは、「男子」が「御婦人」に比べて不当に待遇されている。かといって、

殿方は脂ペッタリのお髪から

とするのも、はたしてどんなものだろう。この場合は、むしろ「御婦人」の方の敬語形を除いて、それぞれ「男性」「女性」「髪」とした方が、全体にスッキリするように思われる。

お母さんも　赤ちゃんと　いっしょに　お使い下さい　もちろん　お父さんや　おにいさん　おねえさまも　お使い下さい。（広告）

「おねえさま」だけが「さま」づけで、あとは「さん」づけになっている。現代の語感では、一般に「さん」より「さま」のほうが、ややあらたまった感じを持たれている以上、こういう不ぞろいは考えものだ。「赤ちゃん」は例外として、あとは全部「さん」に統一するのがよい。

お疲れのはげしい人、病中・病後の方、妊娠中の奥さまなど　とくに　高単位のビ

タミン補給が必要な人でも、○○○○は　1錠で十分でございます。（広告）

「病中・病後の方」「妊娠中の奥さま」に敬語形を使ったのだから、あとの「人」も「方」にする方がいい。

▼文体の不統一

敬語に関する悪文の最後として、文体の不統一について取り上げておこう。

まず最初に、典型的な例として、かつての某総理大臣の話しぶりを見ていただこう。これは総理の記者会見における談話の録音を忠実に文字化したものである。

　ソリャー　ワタシ自身ワ**デス**ヨ、ソンナコトワ絶対ニ考エテオリマセン、今。アナタ方ガ観測サレルコトワ、コラモー　ソノー　第六感ヤ七感　ワレワレノ持タナイモノマデ持ッテオラレルン**ダ**カラ　ソラモー　ソノー　自由**ダ**ケドネ。シカシ　ソラネー　カリニ**デス**ヨ、ワタシガソーユーコトヲ考エトッタトシテモ**デス**ヨ、〔中略〕ワタシ自身ガ**ダ**ナ、今考エテナイコトワ事実**デス**。ソノー民主主義ノ原理カラ言ッテ**デス**ヨ、一体内閣ガ総辞職スル、責任ヲ負ッテ総辞職スルトユーコトニナレバ、野党ニ

ダナ、当然ヤルベキ**ダ**。〔中略〕ワタシャーネ、今本当ニ、一体総辞職論シテル人ガ**ダ**ナ、ナンノ方ダッテ、野党ダッテ**デス**ヨ、オレノ方ニヨコセ、オレノ方ガヤルトユー意味デ、時局ヲ収拾スルナラコーヤルッテユーンジャナシニ**ダ**ナ、アトガ自由党デモイイカラ　ソノー　岸内閣ダケワ……ネ、ドーモ、ワタシャソラ少シ感情的ダ、理論的ジャナイト思ウ。〔中略〕理論的ニヤルベキモノニアラズトカユーヨーナコトヲユートルンジャナイン**デス**ヨ。トコロガ総辞職論ニナルト、ワタシャー非常ニ　理論ニオイテモ　混迷ガアルヨーニ思ウン**デス**ガネ。

「デス」と「ダ」の混用は、この総理の言わばトレード・マークみたいなものだったから、これを見てあらためて驚くような人はいないだろう。だが、もし、あなたがほかの人から面と向かってこういう風に話しかけられたとしたら、どんな気持ちがするだろうか。きっと、〝いやあな感じ〟をいだくにちがいない。

われわれの対話の文体には、次のように常体と敬体の区別がある。

常体（普通体）｛ダ体
　　　　　　　　デアル体（論文体）

敬体（丁寧体）
- デス・マス体
- デゴザイマス体
- デアリマス体（講演体）

（注）常体は、独り言の場合とか特定の相手を予想せずに書く場合とかに使う。常体の中でも、「だ」はぞんざいで、「である」は、いくらか四角ばった感じを伴う。

　敬体は、だれか特定の相手を目の前においた気持ちで書くときに使う。敬体の中で「です」は相手へのやさしさを感じさせ、「であります」は改まった感じ、「でございます」は最も丁寧な感じを伴う。

このように、常体と敬体との区別は、一応はっきりしていて、たがいに混同されることはない。つまり、親しい間柄や目下の相手には常体を、多少あらたまる必要のある人や目上の相手には敬体を使うのが普通である。つまり、話し手が話し相手をどう待遇するかによって、どちらかの文体を選ぶわけであるから、同じ話し手が同じ聞き手に向かって、しかも同じ場面の中で、両方の文体をチャンポンに使ったら、聞き手が面くらうのも当然である。いや、面くらうだけではなく、あるいは「こいつ、失敬なやつだ」ということにもなりかねない。

対話の場合だけでなく、文章についても同じことが言えるはずで、敬体・常体を混用した文章が、読み手に一種の心理的抵抗を与えることは間違いない。たとい意味は正しく伝わったとしても、心理的抵抗を与えるような文章は、やはり一種の悪文と言って差しつかえないだろう。

敬体・常体を混用した文章

次に引用する例文は、「虫害の科学」と題する、ある町の広報紙の記事の一節である。

　秋の虫は秋の風景をつくる、大きな自然の要素である。コオロギやスズムシの声は秋の夜にはなくてはならない要素でもあろう。ときには私たちの情感にうったえ、人それぞれの感慨や芸術的衝動をひきおこす。鳴く虫はだれにでも好感がもたれている。今年の立秋（八月八日）は少雨酷暑の中で迎えました。地表生活型の虫にとっては水不足や高温に特別影響を受けますので、実にきびしい夏から秋への移り変わりであったことと思います。このような変わった年には虫が大量に発生したり、暴れたりすることが過去にありました。

　今年の九月十一日午後七時半ごろ、宇都宮市の国道一二三号線にかかっている橋の上に「ヒラタカゲロウ」が大発生。視界はとだえ、橋の上には虫が五ミリぐらいの厚さにつもったため、車が踏みつぶした虫の体液でスリップして、十九台玉突き追突事故があった。そのとき清掃して集められた虫は、小型ダンプに約一台分あったと言われ、驚きました。

昭和九年福岡県でコオロギが大発生、被害面積一万五千ヘクタール。昭和十九年大阪府でも百ヘクタールの被害を受ける。特に福岡県の場合は異常で八月中旬以降水不足で割れ目のできた水田のイネの茎や穂を食べたり、モモやナシ・ミカンの苗木も食べる。更に、家の中の衣類や蚊帳にまで入り込み、眠っている人の髪や足までかむといったことがありました。

コオロギの野趣を帯びた鳴き声や姿を見ても、コオロギが大量に出て来て暴れるなど、全くうそのように思われますが、虫害の記録には残されています。（以下、省略）

右の文章は、書き出しの第一段落が常体で書かれているのに、第二段落以降は敬体が基調になっている。しかも、第三、第四の段落には、途中に常体文も混在していて、全体的に見て、非常に不安定な印象を受ける。

次の例は、新劇のあるベテラン俳優が新聞にのせた随筆である。

戦争で一人息子を失い、子グマを相手に山中でやもめ暮しをしている父親のドラマでした。けいこは子グマを想像してやっていたのですが、最後のテストに本ものの子グマが北海道から到着しました。生後二ヵ月の子ネコほどの可愛いやつでした。劇中、父親が子グマに顔をなめさせたりホオずりをし目を細めて可愛がるという演技が三ヵ所ありました。なにげなく抱きあげると子グマは狂ったようにもだえ出した。首に力を入れ、足を突っぱり、キバをむいて抵抗する。人間の体温を感じると子グマは狂気する。子グマなどとバカにしてはいけない。小なりといえども猛獣には本能があることが分った。相談して芝居をかえてもらう時間もなく、すぐ本番。抱いて顔をなめさせるなどとはとんでもない。前足二本を左手でつかみ、右手で子ぐまの首をおさえつけておいてホオずりするようなかっこうで一回目をごまかした。

父親と子グマの愛情をあらわす二回目のカットはとてもながい。ホットして力をゆるめたとたんに子グマのキバに右の薬指をひっかけられ、血がビューと吹き出し、掌がヌラヌラになって子グマを取り落してしまった。三回目の手傷を負った私と子グマの愛の闘争は悲惨をきわめた。終った時は脂汗と血にまみれて私はガックリ座りこんでしまった。

前の例とは反対に、これは、敬体の文が途中から常体の文に変わっている。その変わりめに注目してみよう。全体が敬体の文章でも、その途中で、切迫した場面の描写のために、特に常体（現在形が多い）のまじることは、一般によくあることである。この場合も、あるいはそんな動機で常体が現われたのかも知れない。しかし、それならそれで、その場面のあとは、再び敬体にもどすべきであるが、この文章の筆者はそれを忘れて最後まで常体で押し通している。つまり一編の文章の前半が敬体で後半が常体という、まことに奇妙な結果になってしまったわけである。こうなると、この文章の筆者だけの責任ではなしに、それを平気で紙面にのせた新聞社のデスクの責任もあるかもしれない。

小学生の作文ならばともかくも、おとなの書く文章に、この種の文体の混用が見られるというのは、考えてみればふしぎなことである。書き終わったあとで一度でも読み返す用意があれば、そうした不統一はすぐに発見できるはずだと思うのだが、実際に活字になった文章には、こうした例がいくつも見つけられる。

敬体文の中にまじってもいい常体表現

さて、敬体と常体とは、いつの場合にでも機械的に統一せよというわけではなく、例外が幾つかある。常体の文中に敬体をまじえることは、ほとんどないと言っていいが、その反対に敬体文の中に、部分的に常体をまじえるケースは、幾つか考えられる。前述の切迫した場面に常体の現在法を使うというのも、その一つのケースである。また、全体の基調が敬体文であっても、その中の箇条書きの部分だけは常体にしてもかまわない。

募集方法は次の通りですから、よく読んだうえ、ふるって応募してください。
① 小学生・中学生の二部に分けて募集します。
② 学校でまとめて募集してもよい。ただし、それぞれに学校名、学年、氏名をはっきり書いてください。
③ ……のようなものなら何でもよい。また、作品はいくつ応募してもよい。
④ 送り先は……教育委員会です。　（子ども新聞）

右の文は、もちろん敬体の文章中にある箇条書きだが、その各条の文体が不統一になっている。この場合、全部を敬体にするなら、「……してもよい」を「……してもかまいません」に改めるべきだが、その反対に、全部を常体に改めて、

①……募集する。
②……はっきり書くこと。
③……してもよい。
④……教育委員会。

のようにするのも一法だ。むしろ、箇条書きとしてはこの方がすっきりして読みやすいかも知れない。

　もう一つの例外は、文の途中における場合だ。たとえば、

　品質につきましては、当店といたしましても格別の注意を払っています。

のような場合、

　品質については、当店としても格別の注意を払っています。

と書いても、何ら差しつかえはない。文の途中をシャクシ定規に、いちいち敬体にしてい

たのでは、かえってまどろっこしい文になる心配もある。

もう一つ、これと似たケースとして、というよりもこれの応用面として、次のような場合もありうる。ここに引用するのは、福田《ふくだ》恆存《つねあり》氏の『私の国語教室』（新潮社）の序文中の一節である。

最初に楽屋話をしますと、私はこれを書きはじめるまで既に百枚近くも無駄にしてをります。二十枚位までがやっとで、それから先を書きつづける気がなくなり、改めて別の入口から書きはじめる、そんなことばかりやつてゐるのです。十数年の文筆生活において初めての経験であります。これは一体どういふことなのかと、さすがに考へこんでしまひました。書きたい意欲は十分にある。書きたいことは山ほどある。しかも、その内容自体、決してむつかしいことではない。それが途中で厭になるといふのは妙な話です。私はやうやく次のことに気づきました。まづそのことから話を進めませう。さうすれば、案外うまく書きつづけられるかも知れません。

（原文の漢字は旧字体）

福田氏の書く敬体の文章の中には、このようにところどころ常体文をまじえることが、よくある。この種の文章は、先に文体不統一の例として掲げたものとは、かなり性質を異にする。右の常体文の部分と、他の敬体文の部分とを見比べると、決して同じ次元では読者に対していない。敬体文のところは、直接読者にはたらきかけているが、常体文の部分は間接的である。つまり、その部分だけが直接に読者にはたらきかけるのではなくて、あとに続く文の「それが」という語句にいったん統括されて、そこではじめて読者にはたらきかける。言わば、この常体文は後行の敬体文に従属する地位にあるのである。その限りでは、右の引用文の初めの方にある、

……入口から書きはじめる、そんなことばかりやつてゐるのです。

という文で、傍点の部分が「そんなこと」で統括される関係と似ている。片方は「、」で休止し、片方は「。」で文が切れるという違いはあるが、常体表現が後行の敬体表現に従属するという点では全く同様である。文体を統一せよということで、これらの常体表現をもし機械的に敬体表現に改めたとしたら、文章の効果はどうなるだろうか。文章全体が実に冗長なものになってしまうだろう。敬体を全体の基調とする文章でも、右のように次元を異にする場合に常体表現をまじえることは、さしつかえない。むしろその方がかえって

文章全体に張りを持たせ、快いテンポを生み出すことにもなるのである。

以上のような、二、三の例外の場合は別として、原則として常体と敬体とは混用しないように心がけるべきである。

悪文をさけるための五十か条（索引にかえて）

【文章の組み立てに関するもの】

1　読み手に何を訴えようとするか、その要点をはっきりさせる。……五三―五四
2　読み手のことを考えて構想を立て、その構想によって各分節ごとに段落を設ける。……五三・六二・六六―六七
3　文章の展開は、なるべく素直で、自然な順序にする。……七八―七九
4　長い文章では、結論を予告する。……九〇―九三
5　長い文章では、小見出しを活用する。……九一―九二
6　文と文との接続には、接続詞や指示詞をうまく使う。……八二―八三・九三・九七―一〇〇・一〇三―一〇七
7　接続助詞の「が」は、安易な使い方にならぬよう注意する。……一二九―一三三

【文の組み立てに関するもの】

8　長すぎる文は、適切にくぎる。……一三―二〇・八一―八五・一〇一・一〇三―一〇六

9　一つの文の中に、二つ以上の違った事項を盛りこまないように注意する。……三八

10　文脈のくいちがいを起こさないように注意する。……一七五―一七九

11　複雑な内容を表す場合、中止法をあまり長く連ねると読みにくくなる。……一一七

12　いろいろな意味にとれる中止法は使わない。……一二〇―一二四・一三三

13　いったん中止したものがどこへつながるかをはっきりさせる。これには句読点のつけ方を工夫する必要がある。……一二五―一二九

14　主語と述語との照応関係をはっきりさせる。特に、述語をぬかさないようにする。……八八―九〇・一三五―一四五・一五三―一五五

15　主語と述語との間は、なるべく近くする。……八九―九〇・一四一―一四二

16　文の途中で主語をかえるときは、その主語を省略してはならない。……一四五―一四八

17　並列の場合は、何と何とが並列するかをはっきりさせる。……一三八―一四一・一五五―一五八・一六一―一六五・一七一―一七五

18　同じ形で同じ意味の助詞を、二つ以上一つの文中に使わない。……三六―三七・一六三―一六五・一七〇

19　必要な助詞を落とさない。……一七〇―一七一
20　副詞の呼応を明確にする。……一五八―一六二・一七八―一七九
21　修飾語と修飾される語とは、なるべく近くにおく。……一九五―一九七
22　修飾語のかかっていく先をはっきりさせる。……一七五―一八四
23　打消の語によって打ち消されるものが何であるか、まぎれないように注意する。……二〇七―二〇九
24　長すぎる修飾語をつけない。……一九〇―一九五
25　修飾語が長くなるときは、別の文にする。……一八四―一九〇・一九七―二〇〇
26　受身形をなるべく少なくする。……一五〇―一五一

【語の選び方に関するもの】

27　意味の重複した表現や、あいまいな用語を整理する。……二二一―二二三
28　持って回った言い方をさける。……一三―一六・四一
29　相手に誤解されるような不正確な語は使わない。……二〇―二八
30　ひとりよがりの新造語や言い回しをさける。……四〇―四二・二〇一―二〇五・二二四―二二七・二三〇―二三九
31　文章全体のバランスをくずすような、ちぐはぐな用語をさける。……四二―四三・二三〇―二三五・

43 「お」をむやみにつけない。……二四五―二五〇
44 同じ文章の中で、「お」をあまり続けて使わないよう注意する。……二五一―二五三
45 「お…する」などの謙譲語を、誤って尊敬語として使わない。……二五五―二五九
46 尊敬語を二重に使わない。……三〇・二六〇―二六一
47 必要な敬語は落とさない。……二六二―二六五
48 同じ文章の中の敬語形が不統一にならないよう、注意する。……二六五―二六七
49 「です・ます」調と「だ」調とは、原則として混用しない。……二七〇―二七三
50 特別の効果をねらう場合には、「です・ます」調の中に「だ」調をまじえてもいい。……二七三―二七八

文庫版あとがき

この度、角川ソフィア文庫より、日本評論社から出版されている『第三版 悪文』を文庫化したいという申し出があった。これに鑑み、日本評論社のご承諾をいただき、文庫シリーズのひとつとしても、刊行することとなった。文庫版と日本評論社版とは、当然のこと、同一の内容であるが、判型による読者層の違いはあるものと思われるので、この申し出を受け入れることとした。

本書を新たに刊行するについては、従来の版に見られた、誤植など、一部の表記に見られた誤りを改め、表記の整理をしたが、当然の事、内容上の変更は一切加えていない。日本評論社版と内容上の齟齬《そご》は一切ないのである。言ってみれば同一のもので、判型の大小に違いがあるというものである。日本評論社版同様に多くの方々に、用途の違いをご理解いただき、読んでいただければ幸いである。

本書が、初めて世に出た折には、『悪文』という、常識から外れた形の書名であったことに驚きがあったが、今では、違和感なく多くの方々に受け入れられている。日本評論社版は、一九六〇年に初版を刊行して以来、今なお、版を重ねている。多くの読者の方々に読まれているということは、執筆者一同、望外の喜びである。

岩淵　匡

本書は、日本評論社より一九七九年に刊行された
『第三版　悪文』を改題し文庫化したものです。

悪《あく》文《ぶん》

伝《つた》わる文章《ぶんしょう》の作法《さほう》

岩《いわ》淵《ぶち》悦《えつ》太《た》郎《ろう》＝編著

平成28年 10月25日　初版発行
令和7年 5月15日　29版発行

発行者●山下直久

発行●株式会社KADOKAWA
〒102-8177　東京都千代田区富士見2-13-3
電話　0570-002-301（ナビダイヤル）

角川文庫 20027

印刷所●株式会社KADOKAWA
製本所●株式会社KADOKAWA

表紙画●和田三造

●お問い合わせ
https://www.kadokawa.co.jp/（「お問い合わせ」へお進みください）
※内容によっては、お答えできない場合があります。
※サポートは日本国内のみとさせていただきます。
※Japanese text only

ISBN978-4-04-400081-3　C0181

◆◇◇

角川文庫発刊に際して

角川源義

第二次世界大戦の敗北は、軍事力の敗北であった以上に、私たちの若い文化力の敗退であった。私たちの文化が戦争に対して如何に無力であり、単なるあだ花に過ぎなかったかを、私たちは身を以て体験し痛感した。西洋近代文化の摂取にとって、明治以後八十年の歳月は決して短かすぎたとは言えない。にもかかわらず、近代文化の伝統を確立し、自由な批判と柔軟な良識に富む文化層として自らを形成することに私たちは失敗して来た。そしてこれは、各層への文化の普及滲透を任務とする出版人の責任でもあった。

一九四五年以来、私たちは再び振出しに戻り、第一歩から踏み出すことを余儀なくされた。これは大きな不幸ではあるが、反面、これまでの混沌・未熟・歪曲の中にあった我が国の文化に秩序と確たる基礎を齎らすためには絶好の機会でもある。角川書店は、このような祖国の文化的危機にあたり、微力をも顧みず再建の礎石たるべき抱負と決意とをもって出発したが、ここに創立以来の念願を果すべく角川文庫を発刊する。これまで刊行されたあらゆる全集叢書文庫類の長所と短所とを検討し、古今東西の不朽の典籍を、良心的編集のもとに、廉価に、そして書架にふさわしい美本として、多くのひとびとに提供しようとする。しかし私たちは徒らに百科全書的な知識のジレッタントを作ることを目的とせず、あくまで祖国の文化に秩序と再建への道を示し、この文庫を角川書店の栄ある事業として、今後永久に継続発展せしめ、学芸と教養との殿堂として大成せんことを期したい。多くの読書子の愛情ある忠言と支持とによって、この希望と抱負とを完遂せしめられんことを願う。

一九四九年五月三日